ISSN 0913-9427

2020

学校教育研究

35

深い学びをどう実現するか

JN015335

日本学校教育学会 編

は じ め に

　今年は新型コロナウィルス感染症（COVID-19）拡大の影響を受け，教育界は戦後未曾有の困難な状況に直面してきました。2020年2月27日，安倍首相の休校要請に端を発し，全国の学校が休校の措置をとり，学校再開後も分散登校，部分登校など，様々なコロナ対応を余儀なくされてきました。大部分の大学においてもオンライン方式の授業が導入され，教育実習の日程調整，実施方法の変更など深刻な事態に陥っています。

　こうした中，機関誌編集委員会では，研究論文を投稿された会員および原稿を執筆して頂いた会員への責任を感じつつ，例年と同様の発刊を目指して努力してまいりました。しかしながら，論文投稿者との連絡が制約されるなど，予想外の困難が伴うことも多く，例年より約2か月遅れの発刊となりました。編集会議ではオンライン方式も取り入れましたが，今年度の特殊事情が機関誌の内容の質に影響することがないよう，より慎重で丁寧な編集作業を心掛けてきました。

　こうした困難がありながらも，原稿執筆者をはじめ関係各位のご協力のお陰で，機関誌『学校教育研究』第35号をここに刊行できました。論文投稿者の皆様および関係各位のご協力に心より御礼申し上げます。

　第35号の特集テーマは「深い学びをどう実現するか」です。本特集テーマ設定の趣旨は，2017・2018年に改訂された学習指導要領によって，現在学校教育で最大の関心事となっている「主体的・対話的で深い学び」の中でも「深い学び」に焦点を当て，その実現に関する方策を探究するものです。「深い学び」とはどのような状態を言うのか，それをどのような方法によって実現するのか，また，どのように検証するのかといった多面的かつ根源的な問題に迫ろうとするものです。本特集テーマは，理論と実践を架橋する本学会が射程に入れるべき課題としても重要な位置を占める問題であるといえます。

　今期学習指導要領の改訂を導いた中央教育審議会答申「幼稚園，小学校，中学校，高等学校及び特別支援学校の学習指導要領等の改善及び必要な方策等について」（2016.12.21）において，アクティブ・ラーニングが「主体的・

対話的で深い学び」と表現されたことにより，「深い学び」という言葉が教育界に上述のような問題を投げかけることになりました。同答申では，「『アクティブ・ラーニング』の視点については，深まりを欠くと表面的な活動に陥ってしまうといった失敗事例も報告されており，『深い学び』の視点は極めて重要である」と述べ，アクティブ・ラーニングが活動ありきに終始しないための方向付けとして「深い学び」の視点を重視しています。そして，学びの「深まり」の鍵となるものとして，全ての教科等で整理されているのが，各教科等の特質に応じた「見方・考え方」であると述べています。

　学習指導要領上はこのような位置づけであっても実際には授業にさらなる工夫や改善を取り入れることが必要であり，その工夫，改善の内容と方法こそ，本特集テーマの設定によって，機関誌を通じて会員の皆様に提示しうる学会活動の成果であるといえます。学校現場が理論と研究に裏付けられた実践適用的な答えを求めている今，その役割の一端を本学会が果たすことは，大きな意義があると考えます。

　第1部では，本特集テーマに関わり大きく4つの視点から論究していただきました。第2部は自由研究論文2編，第3部は実践的研究論文1編，第4部は実践研究ノート4編を掲載いたしました。いずれも厳正で慎重な審査を経て掲載いたしました。全体の論文投稿本数等につきましては，編集後記をご覧下さい。第5部は昨年8月に金沢学院大学で開催されました第34回研究大会の概要です。

　そして，研究余滴は，木村松子会員，佐々木幸寿会員，多田孝志会員にご執筆いただきました。図書紹介についても3冊の紹介文をご執筆いただきました。ご寄稿いただきました各位に深く感謝申し上げます。

　編集委員会としては，基本的に3年間にわたり本テーマに関わる内容を探究していく方針です。本学会の機関誌が，今後より一層充実したものとなりますよう，引き続き機関誌編集委員会の活動に対しましても，多くのご支援を賜りますようお願い申し上げます。

　2020年8月　　　　　　　　　　　　　　　機関誌編集委員会

『学校教育研究』第35号　2020／10　目次

はじめに…機関誌編集委員会

第１部　深い学びをどう実現するか

第２部　自由研究論文

第３部　実践的研究論文

２．ミニ・シンポジウム

(1)　新時代を意識した学校教育―共生社会を創るための学校教育の在り方を問う

「国際理解を取り入れた学校教育　国際協力を実施する団体の視点から」
　　　武田さやか氏（独立行政法人　国際協力機構北陸センター）

「新時代を生きる子どもたちの力を育てる～国際理解教育を通して～」
　　　北洋輔氏（石川県白山市立蝶屋小学校）

「「育成すべき資質・能力の三つの柱」とグローバル時代の学校教育－学びに向かう力・人間性等を中心に－」
　　　釜田聡氏（上越教育大学）

司会：菊地和彦氏（独立行政法人　国際協力機構北陸センター）

(2)　新時代の教職員に求められる資質・能力―学校教育・事務職員の立場から

「グローバル化が進む地方の小・中学校教員に必要な研修の在り方」
　　　嶋耕二氏（石川県教育委員会）

「学校事務職員の視点から」
　　　西念佑馬氏（金沢学院大学）

「行政および学校教育の視点から」
　　　藤平敦氏（日本大学）

司会：奥泉敦司氏（金沢学院大学）

(3)　新時代の言語教育

「求められる日本の英語教育のあり方」
　　　直山木綿子氏（文部科学省初等中等教育局）

「小学校校長の立場から」
　　　紺村由紀子氏（白山市立東明小学校）

「高校教員の立場から」
　　　荒納郁美氏（金沢大学附属高等学校）

第1部〈特集〉

深い学びをどう実現するか

深い学び再考
―Post COVID-19を見据えて―

早稲田大学　三村　隆男

1. はじめに

　現段階でCOVID-19による学校教育への影響について言及するのは，時期尚早かもしれない。しかし，特集テーマ「深い学びをどう実現するのか」を展開するにあたり，その影響力を想定するとPost COVID-19は外せないと判断し，副題に加えた。世界中に広がったClap for Carersは，単なる医療業務従事者への賞賛ではなく，学びを活かし果たされた役割への畏敬の念を示すと捉え深い学びを再考していきたい。

　2014年11月，文部科学大臣は中央教育審議会に対して「初等中等教育における教育課程の基準等の在り方について（諮問）」において，「課題の発見と解決に向けて主体的・協働的に学ぶ学習（いわゆる「アクティブ・ラーニング」）」の充実を求めた。それに答える形で2016年12月の中央教育審議会「幼稚園，小学校，中学校，高等学校及び特別支援学校の学習指導要領等の改善及び必要な方策等について」（答申）（以下「2016年答申」）では，「主体的・対話的で深い学び」の実現を「アクティブ・ラーニング」の視点からの授業改善と位置づけ，「今回の改訂において提起された『アクティブ・ラーニング』と『カリキュラム・マネジメント』は，教育課程を軸にしながら，授業，学校の組織や経営の改善などを行うためのものであり，両者は一体として捉えてこそ学校全体の機能を強化することができる」（26頁）とした。「主体的・対話的で深い学び」そのものが，教育方法や内容以前に，教育課程を中核に学校教育そのものの改善を目的としている事を示したのである。なお，

2014年の諮問では「課題の発見と解決に向けて主体的・協働的に学ぶ学習」を「アクティブ・ラーニング」とし，「深い」は示されていなかった。学びの方法を示す「主体的」，「対話的」に対し，新たに加えられた「深い」は学びの様態を示す語句であり，教育課程を中核に学校教育そのものを改善する重要な概念を内包していると捉えられないであろうか。

　本稿では，Post COVID-19において深い学びをどう実現するかを検討する。深い学びについては，田村（2018）[1]のように「『深い学び』とは，子供たちが習得・活用・探究を視野に入れた各教科等固有の学習過程（プロセス）の中で，それまで身に付けていた知識や技能を存分に活用・発揮し，その結果，知識や技能が相互に関連付けられたり組み合されたりして，構造化したり身体化していくことと考えることができる」とし，学習者個人における学びの変容を中心に捉える考え方と，北尾（2020）のように，「深い学びとは社会で役立つ学びでなければならない」[2]とし，個人の学びに社会的機能を付与した解釈もある。ここでは双方を比較するのではなく，Post COVID-19を射程に入れることで，深い学びの軸足を後者に移して考えざるを得ないことを確認したい。

2．深い学びにおける社会とのかかわり

　「2016年答申」には，「習得・活用・探究という学びの過程の中で，各教科等の特質に応じた『見方・考え方』を働かせながら，知識を相互に関連付けてより深く理解したり，情報を精査して考えを形成したり，問題を見いだして解決策を考えたり，思いや考えを基に創造したりすることに向かう『深い学び』」（50頁）と深い学びを表現している。先に指摘した教育課程の改善を軸に学校教育そのものの改善を目指しているとすると，深い学びとは，各教科の学びを相互に関連付けることで教科の特質に応じた「見方・考え方」を機能させ，課題に取り組み，何かを創造する学びを実現すると解釈できる。「見方・考え方」を機能させるうえで重要なポイントは学びにおける価値形成をどのように捉えるかであろう。

　教科学習等の内容教授における価値の明確化として，Harmin, M.,

Kirschenbaum, H. & Simon, S.（1973）[3]は，教えることの構造をTHREE-LEVEL TEACHINGとし図1の三角形の三層構造で示した。第1段階としてFACTSレベルがある。このレベルを基盤に，事実を展開しその背景にある原理を類型化することでCONCEPTSレベルに至る。さらに，それらを自らの生活に結び付け，自分にとってどのような意味

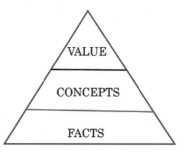

図1 THREE-LEVEL TEACHING

があるかというVALUEレベルへ至るとしている。これは教授の三層構造を示すが，学びがどのように昇華していくかをキーワードで示しているといえる。奈須（2017）は，OECDのキーコンピテンシー，資質・能力などの構造を検討し，資質・能力の三本柱（知識・技能，思考力・判断力・表現力等，学びに向かう力・人間性等）の構造は，「世界のトレンドとしての資質・能力の育成」[4]としているが，THREE-LEVEL TEACHINGは，その価値形成に向かう学習のプロセスの原点的構造と捉えることができる。資質・能力に当てはめると，FACTSレベルは知識・技能であり，CONCEPTSレベルは，知識・技能を思考力・判断力・表現力等を活用し類型化する過程であり，学びに向かう力・人間性が涵養される過程がVALUEレベルに相当する。さらに，2007年に一部改正された学校教育法で示された学力の三要素，「知識・技能」，「思考力・判断力・表現力等」，「主体的に学習に取り組む態度」も，「学びに向かう力・人間性等」の表現は異なるが，資質・能力との構造はほぼ一致している。「2016年答申」では，「教科等を学ぶ本質的な意義の中核をなすものとして，教科等の教育と社会をつなぐものである」（34頁）とされている「見方・考え方」を図1が示す「価値の明確化」によって促進することで「社会に役立つ学び」が実現されるとの文脈が成立するのではないだろうか。

　次に，「社会に役に立つ学びとは何か」の問いの方策として，「学ぶことと自己の将来とのつながり」に焦点化し，2017年告示「小学校学習指導要領」

の総則にあるキャリア教育に言及した「⑶児童が，学ぶことと自己の将来とのつながりを見通しながら，社会的・職業的自立に向けて必要な基盤となる資質・能力を身に付けていくことができるよう，特別活動を要としつつ各教科等の特質に応じて，キャリア教育の充実を図ること」（23-24頁）に注目する。同様の文は，中学校，高等学校学習指導要領にも存在する。学びが社会に役立つ機会の多くは，児童生徒が成長して社会と本格的に関わることによって成立する。「学ぶことと自己の将来とのつながりを見通」すことは，児童生徒の学びが「社会に役立つ学び」となる重要な要件と捉えることができる。

3．研究の目的及び方法

　以上の検討をもとに，「深い学びとは，カリキュラム改善により各教科等を関連付け，見方・考え方を働かせ児童生徒の将来につながる学びを創造すること」と仮説的に捉える。特に，深い学びを実現する方法として「各教科等を関連付け」に焦点化し，Parkerの中心統合法からはじまる合科学習の理論とその変遷をたどり，内在する学習の機能を見つめ，米国で成果をあげているLinked Learningを実践モデルとして検討することで，深い学びを再考したい。

4．各教科等を関連付ける学びがもつ意義

　米国教育史上，進歩主義教育の父と呼ばれたParker, W.F.（1894）が唱えた中心統合法の理論（Doctrine of Connection）は，中心教科と形式教科との関連性により学習を進めるという考え方であり，**図2**[5]のように中心教科と形式教科の相関を軸にした教育課程で編成されている。

　当初中心には地理学が存在していたが，1894年に『教育学講話－統合の理論』を出版し，「個人的な幸福は，功利主義者による人生の目標として定義されて…（中略）…利他的動機の開発が教育の目的であり目標であると私を完全に確信させた…」[6]との考えを示した。経験主義的教育運動の一環として生まれた合科教授の流れは，市民性の育成，利他的動機などを教育の目的

と設定していく。さらに，中心統合法を15に要約，議論し[7]，「教育においてすべての運動の中心は児童なのである」[8]と宣言するのである。その後，1900年の著作で，学校についての概念を「学校とは理想的なコミュニティである。理想的なコミュニティとは，含蓄のある純粋な意味で民主主義そのものである。市民性，コミュニティでの生活，生活に密着した生き方の中で徐々に表れてくる品性は，即時の，永続的で唯一の学校の目的なのである」[9]と示した。Parkerは，統合の中心に児

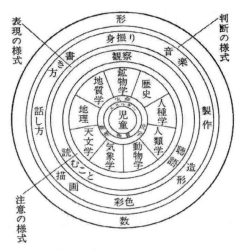

図2 中心統合法の理論の図解

Parker, W. F. (1894) Talks on pedagogics: an outline of the theory of concentration, New York : E. L. Kellogg.の最初の頁に掲げてある図の日本語訳。
出典：西村誠，清水貞夫訳（1976）訳者解説，世界教育学選集 中心統合法の理論，明治図書出版，274より

童を置き，コミュニティの形成者として児童の品性をそだてることとし，「教材の習得を第一とした伝統学校から品性の陶冶，人格の形成を第一とする近代学校への転回を意味する」[10]とした。合科は手段であり，目的は人格形成という考えは，学びに向かう力・人間性等の価値形成につながる非認知的な能力を育てることへの移行をめざす現代の学習の流れとの共通点が確認できるのではないだろうか。

　特別活動を要とするキャリア教育であるが，2017年及び2018年告示の小学校，中学校及び高等学校学習指導要領に共通して特別活動の学級活動・ホームルーム活動に「一人一人のキャリア形成と自己実現」が示された。キャリア形成は今回の学習指導要領改訂で登場した概念で「社会の中で自分の役割を果たしながら，自分らしい生き方を実現していくための働きかけ，その連なりや積み重ねを意味する」[11]とされている。自分らしい生き方を実現する

ために社会の中で自分の役割を果たす機能は，他者に対して役割を果たすといった利他的動機によって起こると考えることで次の考察が成立する。理想的なコミュニティ形成のために，日常生活に密着した生き方の経験のなかで現れてくる品性の陶冶を学校の目的とするParker, W.F. の主張は，「キャリア形成」を通し，教科等の特質に応じ，「社会的・職業的自立に向けて必要な基盤となる資質・能力を身に付けていく」としたキャリア教育との共通した学びの方向性が認められる。

　次に，「カリキュラム改善により各教科等を関連付け，見方・考え方を働かせ児童生徒の将来につながる学びを創造すること」とする深い学びの事例として，現在米国カリフォルニア州で拡大しつつある学習アプローチ，Linked Learningを検討することで深い学びの実現の可能性を検討したい。

5．合科カリキュラムによる将来につながる学びの創造

　Linked Learning（以下LL）は，Career Technical Education（以下CTE）を基盤に成立している。教科学習と職業理解の強力な融合を狙ったカール・D・パーキンス法（以下Perkins IV）では，米国連邦政府が2007年1月から2013年6月30日までの州事業委託として基金（the Perkins IV Funds）提供することを示した。カリフォルニア州は，連邦政府から1億4千万ドルの基金を受け，CTEプログラム（カリキュラム）の開発に着手した。同州は，175あった職業に関連する教科を15の産業分野（Sector）に分け，さらに，それぞれの職業の教科学習領域を58のpathwayで示した。CTEプログラムにおいて，pathwayを選択することで，生徒が教科を職業と関連づけて学ぶことのできるカリキュラム改革が進められたのである。プログラムには，college and career（readiness）（だれもが高校卒業後の学びと就業の準備ができている状態にする）との「将来につながる学び」の概念を内包している。プログラムはpathway単位で開発され，複数の教科の教員が協働で開発に関わる。方法は学校によって異なるが，例えば，Agriculture and Natural Resources（農業／天然資源）SectorのひとつのpathwayであるViticulture（ブドウ栽培法）では，国語（英語），数学，科学の教員が2年以上の合科カ

リキュラムを開発し，国語ではブドウ栽培やワインなどに関する読み物を読み，数学ではブドウ畑とワインの生産量などの計算式を扱い，科学では発酵などを教材とすることで職業としてのブドウ栽培を深く学ぶことになる。さらに，CTEのカリキュラムに携わる教員資格（CAREER TECHNICAL EDUCATION TEACHING CREDENTIAL）が存在する。

　LLはCTEの改善策として登場する。CTEが拡大する中で「CTEと中等後教育への進学教育を分けて行うことで，暗黙のうちに格差を助長している」「中等後教育の進学に特化した教育活動をすることで，職業的な知識や生きるための技能を身に付けず生徒を卒業させてしまっている」との批判があった。こうした中で，すべての生徒がふさわしい教育をうけることで，一生懸命何事にも取り組み，大きな夢をえがくことになるとの考えを基にしたLLが，2009年，カリフォルニアの9つの学校区（Antioch, Long Beach, Los Angeles, Montebello, Oakland, Pasadena, Porterville, Sacramento City, West Contra Costa）で開始された。現在は，州内の100以上の学区，また，マサチューセッツ，テキサス，ミシガン，カナダと州を越えて拡大している。LLを推し進める中で「学校やアカデミー[12]は地域の実情に合わせた形でLLを採用する。学校やアカデミーは以下の4つのカギとなる要素を共有する」[13]とした。4つは，Rigorous academics：中等後教育で求められる教科の学び，Career technical education：綿密なカリキュラムに支えられた高度な技術社会に応えられる学び，Work-based learning：職場体験を通して得る現実の職業世界の学び，Comprehensive support services：個々の生徒のニーズに応えた読み書き数学におけるカウンセリングや補助的教科指導を含むもの，であり，教育課程を軸に学校教育全体の改善を図るものでもある。

　Linked Learningが開始されてから7年が経過した中で大規模な効果検証が世界的調査会社SRI Internationalによって実施され，報告書が発行された[14]。調査対象地域は，LLに早期とりかかった前述の9つの統合学区であった。4つの要素は，LLプログラムの指標ともなっており，4指標において一定のレベルに達しているプログラムは，認定されたプログラム（Certified Linked Learning pathway）とされた。このプログラム選択者が，同一校内

で実施されている従来の学校教育等を受けた生徒と比較されたのである。特に不利益をこうむりやすいグループ（成績不振者，第二言語としての英語学習者，アフリカ系アメリカ人など）を対象に比較検討した研究結果は**表1**である。認証されたLLプログラム受講者は，中退率において，アフリカ系アメリカ人を除きすべてのサブ・グループにおいて５％水準で，さらに単位の取得においては，すべてのサブ・グループに５％水準で有意差がみられた。LLは職業を中核とした合科学習である一方，college & careerの理念のもとで教育課程の改善が行われ，こうした学習の成果を挙げていることは注目に値する。

　LLが包含するLinked（つながった）は，教育内容としては，教科と教科をつなぐと同時に，教科と職業をつなぐ，また米国の例ではあるが，学校を

表1　サブ・グループにおける統計的な有意差及び有意傾向の検討

出典：SRI Education（2018）. Underserved Students Access & Equity in Linked Learning -A Report on Pathway Access and Academic Outcomes for Traditionally Underserved Students-, p.5.

	全体	成績不振者	第二言語として英語学習者	アフリカ系アメリカ人	ラテン系アメリカ人	女子
学校生活への関与						
中退*	▲	▲	▲	○	▲	▲
勉学における成功						
単位の取得	▲	▲	▲	▲	▲	▲
卒業（率）	▲	▲	○	○	▲	▲
大学進学への準備						
大学入学に求められるものの準備	▲	▲	▲	△	▲	▲
大学入学に求められるものの完遂	○	算出できず	○	○	○	○
大学入学のためのGPA	○	△	○	○	△	○
中等後教育への入学	○	○	▽	○	○	○
４年制大学への入学	○	▲	△	▲	○	○
中等後教育における継続**	○	○	算出できず	○	○	○

*　中退の肯定的結果とは中退率の低下を意味する。
**　中等後教育で，１年から２年への進級を果たした。
▲　統計的に有意に肯定的な結果を示した。p<.05
△　どちらかといえば有意に肯定的な結果を示した。　p<.10
○　変化なし。
▽　どちらかといえば有意に否定的な結果を示した。　p<.10

取り巻くNPOや事業所，大学もつなぎ，「社会に開かれた教育課程」の実践例でもある。

　「深い学びとは，カリキュラム改善により各教科等を関連付け，見方・考え方を働かせ児童生徒の将来につながる学びを創造すること」とした本論の仮説と，LLの考え方を照射していくと，児童生徒が進学や就職の際につながる職業と教科学習を関連させ，職業を中核に教科と教科をつなぎ，さらにこうしたカリキュラムを実現するために，地域の資源がつながるLLと深い学びとの共通性は大きい。カリフォルニア大学バークレー校のCCASN（College & Career Academy Support Network）が中心となり，College and Career Pathwayにおけるequity（公正・公平）を推進している[15]。社会に機能する深い学びには，学習者へのこうした理念も今後は重要な意味をもつであろう。次にLLの典型的な実践校を事例として挙げる。

6．STEM ACADEMY OF HOLLYWOOD[16]

　標題の高校は，米国で二番目に規模の大きいロスアンゼルス統一学区（LAUSD）にある学校で2008年に開校した。一般のSTEMと異なり，同校の最後のMはMedicine（＝medical science 医学）のMである。生徒数は571名（2019年９月現在）で第二外国語として英語を学習している生徒が68名，障がいのある生徒が57名，家庭の収入が基準以下で，給食費などの無料支給を受けているTitle 1 の家庭の生徒が89％を占めている。カリフォルニア州の高校は４年制であり，同校には，EngineeringとBio-Medicineの二つのpathwayがあり，それぞれをコアにアカデミックな教科を結び付けて学んでいる。カリフォルニア州には学校の教育成果を公開するカリフォルニア・ダッシュボード[17]があり，同校は，こうした生徒を抱えているにもかかわらず2019年においては高い教育成果を上げている[18]。成果の背景としては，二つのpathwayで教育する上での同校固有の４つの重要な要素がある。ひとつは，Professional Developmentであり，教員研修の充実である。Engineering pathwayは，Project Lead the Way（PLTW）[19]によって構成されており，pathwayに携わる教員は本プログラムの教員研修ツールを使っ

て研修を積んでいる。教科とEngineeringに関する職業をどのようにつなぐかも重要な研修となっている。二つ目は，Master Schedulingであり，pathwayに所属する生徒が，該当教科の授業を効果的，効率的に履修するための時間割上の配置である。三つめは，Advisory Boardで，同校のSTEM教育に熱心な地域住民と専門家集団である。学校教育への助言をはじめ，インターンシップの機会を提供し，寄付金を集めるなど様々な支援を行う。最後は Equipment / Technologyであり，施設設備に十分な経費をかけている。医療がメインのBio-Medicineでは，アナトマージ・テーブルといわれる人体解剖のシミュレーションができる1000万円ほどの解剖台が備わっている。教科と職業をリンクする場合，現実に職業が持つ社会的機能を確認しながら学ぶ必要があるからである。

　高校の4年間で医療に方向づけられながら教科学習を重ねている。インターンシップでは先輩の社会人からその学問が社会でどのように役立ち，学んだ自分がその中でどのように機能できるのかをリアルに学習する。

7．まとめ

　「深い学びとは，カリキュラム改善により各教科等を関連付け，見方・考え方を働かせ児童生徒の将来につながる学びを創造すること」と仮説的に捉え，教科の関連を合科学習の視点から捉えていった。合科学習については，近年も様々な研究がなされ，本稿に関連する成果を上げている報告もある。Mustafa, J.（2011）は，「合科カリキュラムは生徒に生涯にわたった学びの準備をさせる。つまり生徒は教室での経験を現実成果と結び付け，日々の生活からそれぞれの経験の意味を明らかにする」[20]としている。またVars, G.（2001）は，「カリキュラムが生徒の日々の生活と関連する時，より学びは効果的になる。なぜなら，カリキュラムを開発する際に，生徒のニーズ，問題，懸念，関心，要望を考慮するからである」[21]という。さらに学習心理学の視点から，学習動機付けにおける新たな価値−期待モデルを提唱したEccles, J.S. & Wigfield, A.（2002）[22]は，学習者が取り組む課題に対する価値を課題価値として，その価値的側面を4つ示した。そのひとつである

utility value（効用価値）は，学習において現在および将来の目標，いわゆるキャリア目標にどれだけ関連しているかによって価値づけられるものとし，たとえ，そのものに興味がなくとも重要な将来のゴールに近づくのであればその課題は前向きな価値をもつというのである。

　どれも本稿で詳しく触れるべきであるが紙幅に限りがあり叶わない。こうした知見は仮説の方向性を支持するものである。カリフォルニア州のLL実践校の多くがSTEM ACADEMY OF HOLLYWOODのBio-Medicineように医療系のpathwayを設置している。同様のpathwayで将来につながる深い学びを果たした高校生の多くは，医療や介護の高等教育機関に進み，冒頭で紹介したClap for Carersの対象となっていくのであろう。

　「深い学び」の再考を通し，学校教育全体の改善を図る上で教科等の学びをつなぐことを検討した。古典的教育課程論である中心統合法において教科をつなぐ中核に児童を置くという考え方は，現代の職業を中核に教科学習を統合するLLの実践につながり，LLの実践は学びが機能している証左も示した。日米の教育環境の相違から，こうした教育実践をわが国にスライドさせることは容易ではない。しかし，「将来につながる学び」とは，利他的動機に裏付けられた将来の社会に役立つ学びとすると，深い学びを実現するには，将来のニーズを予測し，そうしたニーズに自分はどのように応えられるかを考えることは必須となる。児童を中核とした品性の陶冶と，現代の「社会の中で自分の役割を果たしながら，自分らしい生き方を実現していくための働きかけ，その連なりや積み重ねを意味する」キャリア形成との類似性を勘案すると，教科を統合する中核に児童生徒のキャリアを位置づけ，「児童生徒の将来につながる学びを創造すること」はできないであろうか。

[キーワード]
　合科学習（integrated learning），利他的動機（altruistic motive），キャリア形成（career development），Linked Learning

〈注〉

(1) 田村学（2018）深い学び，東洋館出版社，36.

(2) 北尾倫彦（2020）「深い学び」の科学－精緻化，メタ認知，主体的学び－，図書文化，11.

(3) Merrill Harmin, Howard Kirschenbaum, Sidney B. Simon (1973) . *Clarifying Values Through Subject Matter, Applications for the Classroom.* Winston Press, Inc, p. 25.

(4) 奈須正裕（2017）資質・能力と学びのメカニズム，東洋館出版社，36.

(5) Parker, F. W. (1894) *Talks on Pedagogics an Outline of the Theory of Concentration,* E.L. Kellogg.

(6) *Ibid.,* 350. 原 文 'Personal happiness is defined as the goal of life by the utilitarians, and they present a strong argument in favor of their proposition. I take issue squarely with this, and call your attention to a few arguments that have fully convinced me that the development of the altruistic motive is the end and aim of education.'

(7) *Ibid.,* 376-383.

(8) *Ibid.,* 383. 原文 'I have thus briefly summarized some of the main points in the theory of concentration, This centre of all movement in education is the child.'

(9) Parker, F. W. (1900) *The Plan and Purpose of the Chicago Institute, The Course of Study* Vol. 1, No. 1 , 10. 原 文 The University of Chicago Press. 'The ideal school is an ideal community. An ideal community is a democracy, in the purest sense of that pregnant word. Character, constantly realizing itself in citizenship, in community life, in complete living, is the immediate, everlasting, and only purpose of the school.'

(10) 倉沢剛（1985）米国カリキュラム研究史，風間書房，132.

(11) 文部科学省（2017）小学校学習指導要領解説特別活動編，58.

(12) 教育機関としての学校の別の名称.

(13) Schools and academies adopt Linked Learning in ways that fit their local contexts. What they share in common is the integration of four key components https://www.linkedlearning.org/about/linked-learning-approach（閲覧20200225）

(14) SRI international (2016) . *Taking Stock of the California Linked Learning District Initiative Seventh-Year Evaluation Report,* Revised August 2018 to reflect updated graduation data and analysis. Retrieved from https://www.sri.com/sites/

default/files/publications/sri_year_7_linked_learning_evaluation_report_0.pdf
（閲覧20200225）

⒂　Johnston, A.（2020）. Advancing Equity at Scale-up: Research Priorities for College and Career Pathways Executive Summary. Berkeley, CA: College and Career Academy Support Network, University of California, Berkeley.

⒃　https://www.stemweb.org/（閲覧20200615）

⒄　宮古紀宏（2019）カリフォルニア州の学校アカウンタビリティ制度の新たな展開：「学校ダッシュボード」に焦点を当てて，アメリカ教育研究第29巻，45-68.

⒅　https://www.caschooldashboard.org/reports/19647330125989/2019
（閲覧20200911）

⒆　中学生，高校生が将来工学を専攻する上で必要となる実際的な知識とスキルを身に付けるための一定期間のカリキュラムを提供する組織及びその組織が提供するプログラム名.

⒇　Mustafa, J.（2011）. Proposing a model for integration of social issues in school curriculum. *International Journal of Academic Research, 3*（1）, 925-931.

(21)　Vars, G.（2001）. Can curriculum integration survive in an era of high-stakes testing? *Middle School Journal, 33*(2), 7-17.

(22)　Eccles, J.S., & Wigfield, A.（2002）. Motivational beliefs, values, and goals. *Annual Review of Psychology, 53*, 109-132.

「深い学び」を実現するための アクティブ・ラーニング
―「協同学習」の視点から―

金沢学院大学 **小西 尚之**

1. はじめに

　日本の公文書において「アクティブ・ラーニング」という用語が初めて使用されたのは，2008年3月の中央教育審議会大学分科会制度・教育部会の「学士課程教育の構築に向けて（審議のまとめ）」である。当初は高等教育における授業改革のために用いられたこの用語は，その後「主体的・対話的で深い学び」に名前を変え，初等中等教育の教育方法改善を示すキーワードとなっていく。日本の教育界全体に影響を与えるようになったアクティブ・ラーニングという用語は，初出の「審議のまとめ」では，大学教育改革のための具体的方策として，以下のように紹介されている（「学士課程教育の構築に向けて（審議のまとめ）」24頁）。

　　「学習の動機付けを図りつつ，双方向型の学習を展開するため，講義そのものを魅力あるものにすると共に，体験活動を含む多様な教育方法を積極的に取り入れる。学生の主体的・能動的な学びを引き出す教授法（アクティブ・ラーニング）を重視し，例えば，学生参加型授業，協調・協同学習，課題解決・探求学習，PBL（Problem/Project Based Learning）などを取り入れる」

　大学生の学びを「動機付け」，一方通行ではない「双方向」の，「魅力ある」講義にするための「主体的・能動的な学びを引き出す教授法」がアク

ティブ・ラーニングとされている。さらに，上記の「審議のまとめ」で注目
されるのは，アクティブ・ラーニングの例としていくつかの具体的な学習方
法が列挙されていることである。本稿では，その中でも特に「協同学習」の
基本的な理解を通して，「深い学び」を実現するためのアクティブ・ラーニ
ングのあり方について考えたい。

2．アクティブ・ラーニングと「深い学び」

　本節では，まずアクティブ・ラーニングとは何かを理解するために，その
代表的な定義を確認しておきたい。さらに，本稿の主題である「深い学び」
とはどういう状態を指すのかということを，特にアクティブ・ラーニングと
の関係に注目して整理しておこう。

(1)　アクティブ・ラーニングとは

　アクティブ・ラーニングに関する代表的著作である "Active Learning:
Creating excitement in the classroom" において，ボンウェルら（Bonwell
& Eison 1991, p.2）はアクティブ・ラーニングを正確に定義することは難
しいとしながらも，以下の５つの一般的な特徴を挙げている。

　①生徒は聞く（listening）よりも関わる（involved）
　②情報を伝えるよりも生徒のスキルが向上することに重点を置く
　③生徒は高次の思考（分析，統合，評価）に関わる
　④生徒は活動（読む，話し合う，書くなど）に参加する
　⑤生徒が自分自身の考え方や価値観を探求することに重点を置く

　上記の中でも特に本稿の主題である「深い学び」と関わるのは，③「高次
の思考」（higher-order thinking）と⑤「考え方や価値観を探求すること
（exploration）」であろう。ボンウェルら（Bonwell & Eison 1991, p.2）は
上記５つの特徴を挙げた上で，アクティブ・ラーニングを「生徒に何かをす
るように（doing things），そしてその自分がしていることについて考える

ように（thinking about the things they are doing）促すこと」と定義している。つまり，アクティブ・ラーニングとは「行為すること」に加え，「行為についてリフレクションを通じて学ぶこと」（松下 2015，2頁）とも言える。ここでは，アクティブ・ラーニングの初期の定義には，「分析」や「統合」などの高い水準の学びや，「自分がしていることについて考える」（リフレクション）といった「深い学び」につながる内容が既に含まれていることだけ指摘しておきたい。

(2) 「深い学び」の意味

　『ディープ・アクティブラーニング』の編者である松下（2015，11-18頁）は，「深さ」の系譜を(1)「深い学習」，(2)「深い理解」，(3)「深い関与」の3つの視点から整理している。一つ目の「深い学習（deep learning）」や「学習への深いアプローチ（deep approach to learning）」は，テスト対策で行う暗記や再生産などの「浅いアプローチ」に対して，意味や概念を理解しようとするような学びを指す。二つ目の「深い理解」は，「深いか浅いかという二分法にとどまらない理解の『深さ』の軸に光をあてた」（松下　2015，15頁）ものである。単なる知識や理解のレベルではなく，「解釈や応用のようなより高次の段階」（松下　2015，16頁）も含まれ，ボンウェルらの「高次の思考（分析，統合，評価）」（Bonwell & Eison 1991，p.2）に近い。三つ目の「深い関与」とは，学生の関与（student engagement）における「深さ」に焦点を当てる。バークレーによれば，学生の関与とは「ある連続体上で経験され，動機づけとアクティブラーニングの間の相乗的な相互作用から生み出されるプロセスとプロダクト（産物）」（バークレー 2015，65頁）である。

　以上の3つの系譜を整理した上で松下（2015，18-19頁）は，「ディープ・アクティブラーニング」とは「外的活動における能動性だけでなく内的活動における能動性も重視した学習」であるとし，「〈外的活動における能動性〉を重視するあまり〈内的活動における能動性〉がなおざりになりがちなアクティブラーニング型授業に対する批判」が「ディープ」という言葉に込めら

れているのだとしている。アクティブ・ラーニングの実践では，「活動あって学びなし」という批判を乗り越えるためにも，グループ活動や発表などの外的活動ばかりではなく，知識の習得や理解，思考といった内的活動を「あえて」重視する姿勢も必要であろう。

これまで見てきたアクティブ・ラーニングと「深い学び（ディープラーニング）」との関係について，溝上（2013，282頁）は「アクティブラーニングは学生参加や共同学習などに代表される学習の形態を強調しているのに対し，ディープラーニングは学習の質を強調している」点に違いがあるとしている。以上の議論から本稿では，学習の「形態」だけではなく「質」にも注目し，暗記などの「浅い学習（アプローチ）」ではなく「概念を既有知識や経験と関連づける」（溝上 2013，282頁）ような学習を「深い学び」と定義しておこう。

3．協同学習とは何か

協同学習の授業実践は，もともと小中学校での取り組みが中心であり，その後大学に導入された（安永　2015，114頁）。日本でアクティブ・ラーニングという用語が，当初は大学での授業改革で導入され，その後に小中高へ広まっていった動きとは逆の方向性になる。本節では，協同学習とは何かを理解し，「深い学び」との関連を確認するためにも，その定義について，特に「協調学習」との違いに注目しながら検討していくことにする。

⑴　多様な定義

協同学習は背景とする理論や方法，重視する点が異なるため，その定義は多様である（関田 2016，9頁）。例えば，比較的わかりやすい定義としては，バークレイら（2009，3-4頁）による，「仲間と共有した学習目標を達成するためにペアもしくは小グループで一緒に学ぶこと」や，「二人もしくは三人以上の学生が一緒に活動し，公平に活動を分担し，すべての参加者が意図した学習成果に向かって進むこと」などがある。

しかし，グループ学習をすればそれがそのまま協同学習になるというわけ

ではない。例えば，杉江（2011，17頁）は，協同学習は単なるグループ学習の技法を指すのではなく，「教育の基本的な考え方を体系的に示す教育理論であり，教育の原理」だとしている。であるから，「学級全体の意見交流を協同学習として展開する」ことによって，「一斉の協同学習」も可能であるとさえしている（杉江 2011，20頁）。その上で，「集団の仲間全員が高まることをメンバー全員の目標とする」ことに基礎を置いた実践すべてを協同学習であると定義している（杉江 2011，20頁）。具体的には，「主体的で自立的な学びの構え」「確かで幅広い知的習得」「仲間と共に課題解決に向かうことのできる対人技能」「他者を尊重する民主的な態度」などの力を効果的に身につけるための「基本的な考え方」が協同学習なのである（杉江 2011，1頁）。

ジェイコブズら（2005，8頁）も，「小グループ」という言葉をあえて使用しないことによって，「協同学習は小グループを超えた価値がある」ということを強調している。その上で，協同学習を「生徒がさらに効果的に一緒に勉強するのを手助けするための原理と技法」と定義している。同様に，関田ら（2005，14頁）は「グループ内協同とグループ間競争を組み合わせた学習」や，「コンピュータネットワークで結ばれた個々人が時空の制約を超えて協調的に学習活動を行う場合」も一定の条件を満たせば，協同学習の一形態と見なすことができるとしている。小グループでの学習のみが協同学習ではないということである。

ただし，小グループの活用が協同学習の大きな特徴であることには違いない。安永（2013，70頁）は協同学習の特徴として，①小グループの教育的使用，②学び合い，③意図的な計画，④意味ある学習，の4点を指摘している。また，ジョンソンら（2010，9頁）も，協同学習の5つの基本的構成要素として，①肯定的相互依存関係（互恵的な協力関係），②個人の役割責任，③促進的な相互作用，④社会的スキル，⑤グループによる改善手続き，を挙げている。

これまで見てきたように，協同学習の定義は論者によって様々である。そのような事情を反映して，辞書的な定義づけだけではなく，多様な定義の共

通項を整理する形で「協同学習」の成立条件が示される場合もある。関田ら（2005，13-14頁）は，協同学習を「協力して学び合うことで，学ぶ内容の理解・習得を目指すと共に，協同の意義に気づき，協同の技能を磨き，協同の価値を学ぶ（内化する）ことが意図される教育活動」と説明した上で，次の4条件を満たすグループ学習を協同学習と定義している。すなわち，①互恵的相互依存関係の成立，②二重の個人責任の明確化，③促進的相互交流の保障と顕在化，④「協同」の体験的理解の促進，である。ここでは，関田らに倣い，多くの定義に共通する条件として，①小グループが学習単位の中心であること，②メンバー間の関係が相互的（互恵的）で民主的であること，③個人と全体（社会）の関係や目標が整理されていること，を指摘しておきたい。

⑵ 協調学習との違い

　前節の「学士課程教育の構築に向けて（審議のまとめ）」でも「協調・協同学習」と並列されていたように，協同学習（Cooperative Learning）と類似した概念として協調学習（Collaborative Learning）という用語が使用されることもある。この２つの用語に関しては，同じ意味と見なす人がいる一方で，明確に意味の違いを主張する人がいるなど，様々な見解がある（バークレイら 2009，４頁）。日本における用語の混乱の原因としては，英語の訳語の問題などが指摘されている（関田ら　2005，11頁）。また，バークレイら（2009，６頁）は「幼稚園から高校までの教育においては協同学習という名称を，高等教育においては協調学習という名称を使用する方向にある」と指摘し，教育段階（学習者の年齢層）による区別を示している。さらに，協同学習には「協同的な集団がもたらす意欲づけ」があるが，協調学習にはそれがしっかり組み込まれていないという主張も見られる（杉江　2016，32頁）。

　このような錯綜した状況に対して，関田ら（2005，14頁）は，協調学習を次のように定義することによって協同学習と区別することを提案している。

　「①プロジェクト（一過性のイベント）の形をとり，②メンバーの間で相手の活動を参照して自分の行動を調整する仕組み（機会）があり，③プロジェクトの成果物に対して各自が何らかの貢献を期待され，④しばしばプロジェクトリーダーによって統率される学習活動であり，⑤質の高い成果物が求められる学習活動」

　その上で，関田ら（2005，14頁）はCollaborative Learningをより広義に捉え，「広義の協調学習の中に協同学習を含めることが現実的」ではないかと提案している。

　ここで改めて，協同学習と協調学習との違いをグループ学習との関係も含めて整理しておきたい。なお，関田ら（2005，14頁）はグループ学習（共同学習）を「学習者たちが少人数の集団で学ぶという形状に対する最も広義な名称」とした上で，**図1**のように3つの用語の違いを説明している。グループで行う学習活動をすべてグループ学習だとすれば，協調学習も協同学習もその包括概念の中に含まれることになる。さらに，広義の協調学習の中でも一定の条件を満たしたものだけを協同学習と呼ぶということである。つまり，協同学習はグループを活用した多くの学習形態の中でも，最も狭義の概念の一つだということになる。

　以上のような検討から，アクティブ・ラーニングでよく見られる，小集団を利用した学習方法の中でも，特に協同学習が本稿の主題である「深い学び」に接近する可能性が最も高い，ということが確認できるであろう。

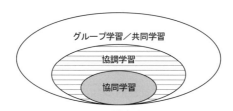

図1　グループ学習・協調学習・協同学習の違い
出典：関田ら（2005，15頁）を一部改変

4．協同学習の種類

　前節で確認したように，協同学習とは単なるグループ学習を用いた方法論を指すのではなく，様々な技法に通底する「基本的な考え方」のようなものである。しかし，協同学習の特徴は話し合い活動を中心とした技法の豊富さ，多様さにあるとも言える。この節では，多種多様な協同学習の技法の中でも，特に「深い学び」に関係すると思われる「LTD話し合い学習法」を中心に紹介しよう。

⑴　協同学習の技法

　協同学習の技法は多岐にわたるが，バークレイら（2009）は，5つのカテゴリーに整理し，計30の技法を紹介している。5つのカテゴリーとは，①話し合い，②教え合い，③問題解決，④図解，⑤文章作成，である。まず，協同学習の最大の特徴と言える「①話し合い」には，協同学習の基本的な技法である「シンク・ペア・シェア」（ペアでの話し合い）や「ラウンド・ロビン」（グループでの話し合い）などの6つの技法が含まれている。次に，協同学習のもう一つの特徴である「②教え合い」では，日本でも馴染みのある「ジグソー」など6つの技法が紹介されている。さらに，「③問題解決」では「ケース・スタディ」（現実世界の問題に対する解決策の検討）や「グループ・インベスティゲイション」（研究プロジェクトによるテーマ学習）など，教室外の社会問題を扱う活動を含む6つの技法が紹介されている。そして，「④図解」「⑤文章作成」では，情報をまとめ表現するための計12の技法（「図解」5つ，「文章作成」7つ）が紹介されている。技法の詳細はバークレイら（2009）を参照してもらいたいが，授業の目的，対象，環境などに合わせてこれらの多様なテクニックを使い分けるとよいであろう。

　ただし，このような多様な技法を理解し，状況に応じて判断し，授業に取り入れていくには，授業者の力量が問われることになる。この点に関して，安永（2013，74-76頁）は協同学習における授業づくりのポイントを7つ示している。すなわち，①教師の語り，②体験的予感，③見通し，④課題明示，

⑤学ぶ価値の明確化，⑥協同を促す課題の設定，⑦達成感を味わえる工夫，である。特に，安永（2013，74頁）は「②体験的予感」に関連して，初回の授業で協同学習の方法を使って学生たちに自己紹介をさせるなどして，実際に技法を体験させ協同学習への興味関心を高めることが効果的だとしている。さらに，安永（2013，76頁）は協同学習の導入に不安を感じる授業者に対しても，「案ずるより産むが易し。まず試みることを強くお勧めする」とアドバイスし，教師による体験的理解の重要性を指摘している。

(2)　「深い学び」を目指した協同学習—LTD話し合い学習法

　数ある協同学習の技法の中でも，本稿の主題である「深い学び」に最も関連を持つと思われるのがLTD話し合い学習法である。安永（2006，12-14頁）によれば，LTDとはLearning Through Discussionの略であり，「話し合いによる学習法」というような意味になる。もともとはアメリカにおける大学教育への危機感から考案されており，やや複雑な手続きがあるので，日本でも大学等の高等教育機関向けの学習方法と言える。しかし，ここで紹介する60分のステップを40〜45分で行う「短縮型LTD」や「分割型LTD」を用いれば，小中高校での実践も可能であろう（安永ら 2014）。以下では，日本での普及の中心的な役割を果たしている安永（2006，2012，2015，2019）の解説をもとにLTD学習法の概要を確認していこう。

　まず，学習者は予習として各自で課題文（テキスト）を各ステップに従って読んでくることを求められる。これを協同学習の用語で「個人思考」という。そして，授業では小グループで課題文に対する各自の読み方を中心に，各ステップに沿った話し合い（ミーティング）を行っていく。協同学習の用語ではこれを「集団思考」という。このように，LTD学習とは予習（個人志向）とミーティング（集団思考）によって成り立っている協同学習の一手法なのである。

　LTD話し合い学習法の特徴とも言えるのが，「LTD過程プラン」と呼ばれる8つのステップに沿って予習とミーティングを行うことである。各ステップの内容を**表1**に示す。最初のステップ1と最後のステップ8以外は予習も

ミーティングも同じ内容なので，基本的に予習で課題文を読んで考えたことをノートなどに書いてきて，ステップに沿ってミーティングで話す，ということになる。過程プランは一見やや煩雑に見えるが，構造的なステップを設けることによって，話し合いを充実させるための「仕掛け」にもなっている。

表1　LTD話し合い学習法の各ステップ（LTD過程プラン）

段階	ステップ	活動内容　※（　　　）は予習	時間（60分）
導入	step 1	雰囲気づくり（全体像の把握）	3分
理解	step 2	言葉の理解	3分
	step 3	主張の理解	6分
	step 4	話題の理解	12分
関連づけ	step 5	知識との関連づけ	15分
	step 6	自己との関連づけ	12分
評価	step 7	課題文の評価	3分
	step 8	振り返り（リハーサル）	6分

出典：安永（2019，95頁）などを一部改変

　表1の各ステップの中でも，「深い学び」を実現するために特に効果的だと思われるのが，ステップ5と6の「関連づけ」という活動である。以下では，この2つのステップを中心に検討していく。まず，ステップ5の「知識との関連づけ」では，「学習課題の内容を自分の知識と関連づけて，理解と記憶を促進する」（安永2006，31頁）ことが目的である。続くステップ6の目的は「学習課題の内容を自己と関連づけて，自己の変化・成長に役立てる」ことを目的とする。

　この2つのステップが内容的にも時間的にもLTD話し合い学習法の中心になるのだが，やや区別がつきにくい。この点に関連して，安永（2012，94頁）は，教材を「自分の知っていること」と関連づけるという点は共通しているが，「自分の知っていること」の中身が異なっている，と注意を促している。つまり，ステップ5が「自分に直接かかわらないこと」，ステップ6が「自分に直接かかわること」と課題文とを関連づけるということである。別の言い方をすれば，ステップ5が「一般的な知識」，ステップ6が「自分自身の現在や過去，未来」と結びつけるのである（安永2019，100頁）。た

だし，特に過去の体験と関連づけるときには注意が必要で，「具体的な出来事」として過去の体験を関連づける場合はステップ5になるが，その「具体的な出来事を体験して生じた自分自身の変化」と課題文を結びつける場合はステップ6になる（安永 2019，100頁）。

　このように，既有の「知識との関連づけ」（ステップ5）や「自己との関連づけ」（ステップ6）がLTD過程プランに組み込まれ，予習や授業の中心に置かれていることによって，学習者のより深い教材理解や社会理解，自己理解につながると考えられる。特に，ステップ5で授業内容と他の一般的な知識とを結びつけた後に，ステップ6で「いまの自分，いままでの自分，いまからの自分」（安永 2019，100頁）と関連づけさせている点に注目してほしい。

　LTD話し合い学習法のように，徹底した予習（個人思考）の後に，授業で小グループでの話し合い（集団思考）を行うことによって，学習内容を自己のアイデンティティや生き方と向き合わせる学習法は他に類を見ないものと言える。学習内容を「他人ごと」として捉え客観的理解にとどまるのではなく，学習者が，社会を構成し自らの人生を切り開く「当事者」として学習内容と関わることを要求する「仕掛け」が初めから挿入されているLTD話し合い学習法は，「深い学び」を実現するための有効な学習法の一つであると考える。

5．おわりに

　本稿では，「深い学び」を実現するためのアクティブ・ラーニングのあり方について，協同学習に注目して検討してきた。その協同学習の多様な技法の中でも，特にLTD話し合い学習法が「深い学び」に有効であることが示唆された。

　ただし，「手段の目的化」には気をつけたい。これまで見てきた協同学習やLTD話し合い学習法，あるいはアクティブ・ラーニング自体も，「深い学び」を実現するための一つの有効な「手段」とはなりうるが，「アクティブ・ラーニングや協同学習を行うこと」そのものが「目的」ではない。第2節で

も触れたように，学習の「形態」だけではなく「質」にも注目し，一人ひとりの教師が，授業の目的や生徒の実態に合わせて，絶えず授業内容と授業方法の両方を見直し改善していくことが，子どもたちの「深い学び」を実現させるための最も確実な道なのではないだろうか。

　最後に，学校でアクティブ・ラーニングや協同学習を実践する際のグループ編成についても付言しておきたい。第3節で見たように，「グループ学習が協同学習ではない」（杉江　2011，1頁）としても，実際の協同学習による授業では小グループによる活動が中心となる場合が多い。実際の具体的なグループ編成の方法については，バークレイら（2009）やジェイコブズら（2005）などに詳しい。ここでは，協同学習の基本的なグループ編成の原理として「多様性（異質性）の重視」についてのみ指摘しておく。協同学習では「ほとんどの場合は教師によって決められた多様なメンバーから構成されたグループ」（ジェイコブズら 2005，30頁）で活動する。それは「生徒は，協同したいと思う人だけではなくいろいろなタイプの人と協同すべきである」とか，生徒は将来「職場で誰と一緒に働くかとか地域で誰と一緒に住むかなどは普通選べない」という社会的な観点にもとづいている（ジェイコブズら 2005，30頁）。

　一方，同質的なグループの例としては，日本の学校でも広く普及している習熟度別学級編成がある。しかし，習熟度別学級編成は，学力面で大きな教育効果があるわけでない上に，いじめの温床となるなど生徒指導面でも問題が多いことが指摘されている（佐藤 2004，杉江 2011など）。特に，英米の習熟度別学級編成（Ability Grouping）に関する研究では，成績上位グループと下位グループの格差がますます拡大すること，つまり，成績上位グループは利益を得るが下位グループは損害を受ける（生徒はもちろん担当教員の意識なども），ということが明らかにされている（加藤　2004，アイルソンら　2006，Kerckhoff　1986，Finley　1984など）。アクティブ・ラーニングで「深い学び」を実現するためには，多様な背景を持つ他者との「協同の精神」も重要な要素となるであろう。

[キーワード]

アクティブ・ラーニング（Active Learning），協同学習（Cooperative Learning），協調学習（Collaborative Learning），グループ学習（Group Learning），習熟度別学級編成（Ability Grouping）

〈引用・参考文献〉

バークレー，E. F.，2015，「関与の条件―大学授業への学生の関与を理解し促すということ」松下佳代・京都大学高等教育研究開発推進センター編『ディープ・アクティブラーニング―大学授業を進化させるために』勁草書房，58-91頁。

バークレイ，E. F.・クロス，K. P.・メジャー，C. H.，2009，『協同学習の技法―大学教育の手引き』（安永悟監訳）ナカニシヤ出版。

Bonwell, C. C. & Eison, J. A., 1991, *"Active Learning: Creating excitement in the classroom"*, ASHE-ERIC Higher Education Report No. 1.

Finley, Merrilee K. 1984, "Teachers and Tracking in a Comprehensive High School", *Sociology of Education*, Vol.57, pp.233-243.

アイルソン，J.・ハラム，S.，2006，『個に応じた学習集団の編成』（杉江修治・石田裕久・関田一彦・安永悟訳）ナカニシヤ出版。

ジェイコブズ，G. M.・パワー，M. A.・イン，L. W.，2005，『先生のためのアイディアブック―協同学習の基本原則とテクニック』ナカニシヤ出版。

ジョンソン，D. W.・ジョンソン・R. T. ホルベック，E. J.，2010，『学習の輪（改訂新版）』（石田裕久・梅原巳代子訳）二瓶社。

加藤浩・望月俊男，2016，「協調学習とCSCL」加藤浩・望月俊男編『協調学習とCSCL』ミネルヴァ書房，2-15頁。

加藤幸次，2004，『少人数指導・習熟度別指導――一人ひとりの子どもをいかに伸ばすか』ヴィヴル。

Kerckhoff, Alan C., 1986, "Effects of Ability Grouping in British Secondary Schools", *American Sociological Review*, Vol.51, No.6, pp.842-858.

菊地栄治，1987，「習熟度別学級編成の社会学―社会的構成過程序説」日本教育社会学会編『東京大学教育学部紀要』第27巻，239-248頁。

小針誠，2018，『アクティブラーニング―学校教育の理想と現実』講談社。

小西尚之，2009，「アメリカにおける『脱トラッキング（detracking）』についての研究動向―1990年代後半以降の政策的論争と研究を中心に」大阪大学大学院人間科学研究科・教育学系編『大阪大学教育学年報』第14号，77-87頁。

松下佳代，2015，「ディープ・アクティブラーニングへの誘い」松下佳代・京都大

学高等教育研究開発推進センター編『ディープ・アクティブラーニング―大学授業を進化させるために』勁草書房，113-139頁。

溝上慎一，2013，「何をもってディープラーニングとなるのか？―アクティブラーニングと評価」河合塾編『「深い学び」につながるアクティブラーニング』東信堂，277-298頁。

溝上慎一，2015，「アクティブラーニング論から見たディープ・アクティブラーニング」松下佳代・京都大学高等教育研究開発推進センター編『ディープ・アクティブラーニング―大学授業を進化させるために』勁草書房，31-51頁。

日本協同教育学会，2019，『日本の協同学習』ナカニシヤ出版。

レイボウ，J.・チャーネス，M. A.・キッパーマン，J.・ベイシル，S. R.，1996，『討論で学習を深めるには―LTD話し合い学習法』（丸野俊一・安永悟訳）ナカニシヤ出版。

佐藤学，2004，『習熟度別指導の何が問題か』岩波書店。

関田一彦，2016，「アクティブラーニングを生徒指導に活かすとは？」関田一彦・渡辺正雄編『アクティブラーニングを活かした生徒指導―協同学習の手法を取り入れた生徒指導のデザイン』学事出版，8-11頁。

関田一彦・安永悟，2005，「協同学習の定義と関連用語の整理」日本協同教育学会編『協同と教育』第1号，10-17頁。

杉江修治，2011，『協同学習入門―基本の理解と51の工夫』ナカニシヤ出版。

杉江修治，2016，『協同学習がつくるアクティブ・ラーニング』明治図書。

角野善司・小西尚之・片山豪，2018，「小学校教育実習事前指導におけるアクティブ・ラーニングの導入と効果―次期学習指導要領の学習」高崎健康福祉大学編『高崎健康福祉大学紀要』第17号，97-112頁。

安永悟，2006，『実践・LTD話し合い学習法』ナカニシヤ出版。

安永悟，2012，『活動性を高める授業づくり―協同学習のすすめ』医学書院。

安永悟，2013，「協同学習―授業づくりの基礎理論」初年次教育学会編『初年次教育の現状と未来』世界思想社。

安永悟，2015，「協同による活動性の高い授業づくり―深い変化成長を実感できる授業をめざして」松下佳代・京都大学高等教育研究開発推進センター編『ディープ・アクティブラーニング―大学授業を進化させるために』勁草書房，113-139頁。

安永悟，2019，『授業を活性化するLTD―協同を理解し実践する紙上研修会』医学書院。

安永悟・須藤文，2014，『LTD話し合い学習法』ナカニシヤ出版。

渡部淳，2020，『アクティブ・ラーニングとは何か』岩波書店。

「深い学び」の基礎としての幼児教育に関する一考察
—学びに向かう力としての「非認知的能力」の可能性—

金沢学院大学 **奥泉 敦司**

はじめに

　近年の長期追跡による研究成果から，乳幼児期の教育（幼児教育・保育）がその後の教育の学習効果と人生において大きな影響を与えるという事実が明らかになってきている[1]。

　本稿では，我が国の教育における「深い学び」を実現，実践していく上で，乳幼児期の教育が担う役割について，「非認知的能力」を中心とする近年の研究成果からその可能性の考察を試みる。「深い学び」を実践していく際，幼児期の教育での「非認知的能力」の醸成がその後の学校教育における学力（学習）を下支えしている事実について検討する。

　まず，平成29年に改訂された幼稚園教育要領をはじめ，学習指導要領の改訂に伴う「三つの柱」において，乳幼児期の教育が基礎として位置づけられてきている事実を確認する。次に，学校教育の基礎として，幼児教育（保育）に期待される役割について近年の「非認知的能力」育成への期待から検討する。やや過度ともいえる「非認知的能力」（社会情動的スキル）への期待や実際について，我が国における調査事例を中心に検討し，幼児教育が担うべき役割が「非認知的能力」の醸成であることについて，従来の保育が担ってきた面と共に確認する。次に，「非認知的能力」がその後の学校教育での学びに如何なる影響を与えるのかについて，学力との負の相関が強い貧困に関するデータからの検討を行う。そのうえで，「非認知的能力」に関しては，乳幼児期の教育のみならず小学校期以降の教育においても注視し，そ

の醸成への手助けが必要であることを確認する。

　本稿での考察を通じて，乳幼児期の教育が小学校期以降の教育において果たす役割の一端を「非認知的能力」の側面から説明を試みる。本稿を通じて，幼児教育が果たす（果たしてきた）機能と役割について一層理解され，小学校期以降の教育において「深い学び」を展開していく際の児童生徒の理解を深める視点として理解されることを目的としたい。

1．学校教育の基礎としての幼児教育

　本節では，幼児期の教育が学校教育の基礎に位置づいている実態について確認する。まず，平成29年に改訂された幼稚園教育要領および小学校学習指導要領は，幼小の接続を意識した点と学校教育に対する幼児教育の役割が明確化された改訂と読み取ることができる。今回の改訂において，幼稚園教育要領（保育所保育指針・認定こども園教育・保育要領も同様に）では，「幼児期の終わりまでに育ってほしい姿」（以下，「10の姿」と表記）をはじめ，「学校教育の基礎」としての役割を強く意識した改訂として，幼児期の教育の位置づけとその後の小学校教育への方向性が示されることとなった。また，小学校学習指導要領では，学校教育のはじまりとして小学校以降から高等教育まで及ぶ一貫した「育成すべき資質・能力の三つの柱」も示された。特に，幼稚園教育要領においては，「三つの柱」のはじまりを幼児教育に置き，「幼稚園教育において育みたい資質・能力として，『知識及び技能の基礎』，『思考力・判断力・表現力等の基礎』，『学びに向かう力，人間性等』の三つを示し，幼稚園教育要領の第2章に示すねらい及び内容に基づく活動全体によって育むこと」[2]として示された（波線は筆者加筆）。

　ここで注目したいのは幼児教育における「三つの柱」のうち，「知識及び技能」と「思考力・判断力・表現力等」については，「基礎」の文言が付いている。しかし，「学びに向かう力，人間性等」に関しては，「基礎」の表記がない。この点については，幼稚園教育要領の改訂に至るまでの議論での説明から幼児教育が学校教育の基礎に位置づけられている理由とともに検討したい。

　では，今回の改訂に至るにあたり，幼児教育が学校教育のはじまりとして基礎づけられることとなった経緯について，中央教育審議会（以降，中教審と表記）初等中等教育分科会（以降，分科会と表記）の論点整理[3]から検討していく。中教審初等中等教育分科会の第100回（平成27年9月14日実施）では，新しい学習指導要領等が目指す姿について，「5．各学校段階，各教科等における改訂の具体的な方向性」として記載されている。その中の「(1)各学校段階の教育課程の基本的な枠組みと，学校段階間の接続」について「1．幼児教育」として，以下のように記載されている。

　「幼児期は，生涯にわたる人格形成の基礎を培う重要な時期であることを踏まえ，義務教育及びその後の教育の基礎となるものとして，幼児に育成すべき資質・能力を育む観点から，教育目標・内容と指導方法，評価の在り方を一体として検討する必要がある」（波線は筆者加筆）。

　幼児教育については，改訂に至る議論において，その基本的枠組みとして学校教育（小学校期以降の教育）の基礎としての役割を期待され，位置付けられている。続けて，同資料には，幼児教育に期待される教育内容として以下のように記載されている。

　「具体的には，子供の発達や学びの連続性を踏まえ，また，幼児期において，探究心や思考力，表現力等に加えて，感情や行動のコントロール，粘り強さ等のいわゆる非認知的能力を育むことがその後の学びと関わる重要な点であると指摘されていることを踏まえ，小学校の各教科等における教育の単純な前倒しにならないよう留意しつつ，幼児期の終わりまでに育ってほしい姿の明確化を図ることや，幼児教育にふさわしい評価の在り方を検討するなど，幼児教育の特性等に配慮しながらその内容の改善・充実が求められる。」（波線は筆者加筆）

　以上の点が，今般，幼児教育に対して求められている役割である。つまり，従来求められてきた探究心，思考力，表現力に加えて学びに関わる重要な要素として「非認知的能力」による情動をコントロールする力を醸成することが期待されているのである。

　また，論点整理の資料1にて記載されている「非認知的能力」に関しては，

「幼児期におけるいわゆる非認知的能力の重要性の指摘については，補足資料47ページ参照。」と注釈が記載されている。この補足資料[4]を参照すると，当該箇所にて「幼児期におけるいわゆる『非認知的能力』の重要性」が謳われており，「学びに向かう力の育ちと，文字・数・思考の育ちには関連がみられる」と記載されている。加えて，「『学びに向かう力』とは，自分の気持ちを言う，相手の意見を聞く，物事に挑戦するなど，自己主張・自己抑制・協調性・好奇心などに関係する力」と説明がされている。これらの「学びに向かう力」は，テストで測ること等が難しい，「非認知的能力」であることが示唆されている。

　以上のことから中教審分科会における検討では，「学びに向かう力」において「非認知的能力」が含意されていることが理解できる。加えて，この点が「三つの柱」の「学びに向かう力，人間性等」において「基礎」の文言がついていない理由であると理解できる。つまり，幼児教育においては「学びに向かう力」として「非認知的能力」を培うことが重要視されているのである。

　以上のことから，幼児教育が学校教育の基礎として明確に位置付けられてきた経緯として「非認知的能力」を身につけることと，「非認知的能力」がその後の教育の土台として重要であることが確認できる。では，幼児教育にて培うことが期待される「非認知的能力」とは具体的にどのような能力であるのか。中教審分科会において論拠として提示されていたベネッセによる調査研究[5]とその前提となるOECD等による概念整理に依拠しつつ，我が国の幼児教育分野において期待されている「非認知的能力」を概観する。

2．幼児期からの教育に期待される「非認知的能力」

　前節では，我が国の幼児教育が学校教育の「基礎」に重きを置くと同時に，「非認知的能力」の育成が重視されている実態について改訂に至る中教審分科会の資料から確認した。

　では，幼児教育において重視される「非認知的能力」とは具体的にどのような能力が期待されているのか。本節では，乳幼児期の教育の効果として注

目が集まる「非認知的能力」[6]の実態について，世界的動向の確認および我が国にて実施された縦断調査による知見から日本の幼児教育での位置づけについて確認する。

　まず，前節の中教審分科会資料に挙げられていたベネッセによる調査研究を確認する前に，世界的に注目される契機ともなったヘックマンらによる研究を概観する。

⑴ 「ペリー就学前計画」における幼児教育への視座

　経済学者であるヘックマンによる長期的な追跡研究が明らかにしたのは，乳幼児期の教育の有無がその後の人生に大きく影響を及ぼすという事実である。保育を受けた群と受けていない群を追跡調査した結果，乳幼児期に教育投資を行うことがより投資効果が高いという経済効果とともに乳幼児期の教育の重要性が提示された研究である[7]。「ペリー就学前計画」という教育プログラムを乳幼児期に受けた群とその対照群への学力調査やその後の成長発達，社会への接続等，長期間の追跡調査した結果をまとめたものである。その結果として，読み書きや算数などの認知的能力よりも「他者と折り合いをつける力」等の社会性や「我慢強くやり抜く力」などの「非認知的能力」とされる力を身につけたことによる効果の影響が大きいとする考察がなされた[8]。ただし，追跡調査の対象となった母集団は，「ペリー就学前計画」に参加したアメリカの貧困層家庭における乳幼児を対象とした調査であり，いわゆる「中流」以上の家庭階層の集団を対象とした際に同様の結果になるか等の課題や認知的能力での説明がつかなかった結果に対しての推論による考察等であり，検証の不十分さなどの課題は残っている[9]。

　しかしながら，ヘックマンらによる追跡調査研究が明らかにした点で，幼児教育に関わる特質として強調して確認しておきたい点がある。それは，早期の認知的教育（読み書き算数の学習）によるIQ等の測定可能学力の教育効果が継続しない点である。「ペリー就学前計画」に参加した子どもたちのIQの変化を年齢ごとに追った結果，早期に認知的教育を施した群との対照群のIQについては8〜10歳前後にて同水準に追いついていく（早期の認知

的教育の効果が通常の認知発達にて同水準に追いつく）点が確認されたのである。早期の認知的教育が完全に否定されるものではないが，幼児教育期においては読み書き算数等の認知的教育の早期実施よりも協調性や社会性など「非認知的能力」の教育が優先すべき教育として期待される事実を示唆しているといえよう。

(2) OECDによる「社会情動的スキル」の整理

　次に，OECD（経済協力開発機構）による非認知的能力の整理[10]を確認する。OECDでは，「非認知的能力」を「社会情動的スキル」（The Power of Social and Emotional Skills）と呼び，その整理がなされている。前述のヘックマンらの調査研究のみならず世界37の国と地域を対象に「社会情動的スキル」の育成に関する調査研究の整理から現時点での「社会情動的スキル」（非認知的能力）の現状と課題が整理されている。

　ここで確認しておきたい点として幼稚園教育要領の改訂に際し追加された「幼児期の終わりまでに育ってほしい姿」は，このOECDレポートにおける「社会情動的スキル（目標達成，他者との協働，情動の制御）」の重要性の指摘を受け，それらのスキルも含む内容として「10の姿」を構成した主旨が示されている[11]点である。

　加えて，OECDレポートでの整理においては，「人生における成果を決める最も重要な要素には，目標を達成する子どもの能力（例：忍耐力），他者と協力して働く能力（例：社交性），感情をコントロールする能力（例：自尊感情）を高めるスキルが含まれる」として社会情動的スキル（「非認知的能力」）の重要性が謳われ，「認知的スキルと社会情動的スキルには相互に高め合う作用がある」点が強調されている。すなわち，認知的能力と非認知的能力は別々にその育成・醸成が図られるものではなく，非認知的能力に支えられて認知的能力が伸び，また，伸びた認知的能力の影響を受け，非認知的能力がさらに良い影響を受けて伸びていくという好循環が生じることが報告されている[12]のである。

　また，OECDレポートにおいては，社会情動的スキルを育成するに際して，

学習環境として「親の関わりと愛着関係は，子どもの初期の社会情動的発達に非常に大きな影響を及ぼす」[13]としてその重要性が示されている。前項にて幼児教育における期待される役割として認知的教育の早期教育化ではない点を確認したが，「非認知的能力」（「社会情動的スキル」）の醸成に際して親を中心とした愛着形成の重要性は，元来，発達心理学の領域にてその重要性が指摘され，幼児教育が援助し担ってきた役割そのものである。「非認知的能力」の醸成を図るにあたっては，子どもと保護者との愛着形成が下支えする要素であることが再度理解されたといえよう。

　それでは次に，愛着形成をはじめとする家庭の影響を欠くことができない「非認知的能力」の醸成であるが，日本における状況の整理として先の中教審分科会でも根拠資料となったベネッセによる調査研究に基づき，家庭における教育と「非認知的能力」の関係から「非認知的能力」が幼児期の生活環境，特に親の関わり方の影響を受ける面について確認する。

(3)　日本における「非認知的能力」の縦断研究

　ベネッセによる調査研究「幼児期から小学4年生の家庭教育調査」[14]では，2012年の調査開始から一定数の同一の子ども（3歳から小学4年生）を持つ家庭を対象に，縦断調査として実際されてきている。先述した中教審分科会での資料として提供されたのは2013年度の調査結果であるが，現在継続した縦断研究が進み，当時以上にその知見が積み重なってきている。

　ベネッセの調査において確認された点は，「非認知的能力」とその後の学校教育での学びの関係には一定の傾向があることである。それは，「まず生活習慣の確立，そして遊びを通して学びに向かう力を培うことが小学校以降で学習に求められるスキルや態度を育てていく[15]」点である。元来，幼児期の学びは教科の学習，いわゆる認知的能力に基づいた学びよりも，遊びや生活を通した思考や行動のパターンを学んでいく習慣形成的な学びである。そうした幼児期の生活様式がそのまま，「非認知的能力」の基盤になっていることが示唆されている。すなわち，「『非認知能力は教えることのできるスキルである』と考えるよりも，『非認知能力は子供をとりまく環境の産物であ

る』と考えるほうがより正確であり，有益である[16]」とされているように，環境により自然な形態にて生活習慣として身につけていくことが有効であることが理解できる。幼児教育が環境を介した遊びを通じての総合的な学びであることからも，幼児教育の集団生活の下，子どもが過ごす保育の場こそが「非認知的能力」を身につける環境として最適であることが理解できる。

　前項にて確認した通り「非認知的能力」を培う上で，保護者との愛着形成に基づく基本的信頼関係の構築は欠くことができない。さらに，愛着形成の土台の上に幼児期の生活習慣が非認知的能力の土台として基礎になっていることがベネッセによる家庭調査から示されたといえる。「学びに向かう力」として重要な学習の土台となりうる「非認知的能力」がさらにその土台として家庭における基本的信頼や生活習慣の形成などの要素によって下支えされていることが各種調査の知見から示唆され，確認されてきている。

　以上のことから，学校教育に基礎づく幼児教育においては，家庭での養育と家庭外の幼児教育を通じて，子どもが健全な愛着による安心感や他者への基本的信頼感を身に着け，基本的生活習慣を形成していくことができるかどうかが，「非認知的能力」の獲得に対して影響を与える重要な要素であり，その後の認知的能力としての学力を身につけることに大きな影響を与えていくといえよう。小学校以降の教育において子どもたちに「深い学び」を通じて「21世紀型能力」[17]をよりよく身につけていることが企図され，期待されているが，学校教育での学びに対する基礎としての幼児期の教育の役割，および「非認知的能力」と幼児教育が元来より培っている要素の整理をすると図1のように示すことができる。

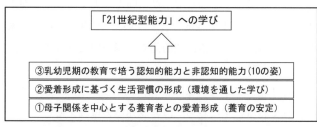

図1　21世紀型能力（小学校期以降の教育）と幼児教育の関係

　図1の①②③は，育ちの観点として理解することで「非認知的能力」が育っているのかを捉える視点になると考える。また，それぞれの要素は，元来，幼児期の教育（保育）が培ってきた要素そのものであり，「非認知的能力」を視点として捉えなおした際，これまでの幼児教育が培ってきた要素の位置づけを明確に理解することができる。

3.「非認知的能力」の学力との関連性

　前節では，幼児教育において育成が期待される「非認知的能力」の実態について，先駆的研究の成果から幼児教育に関わる観点を中心に確認した。「非認知的能力」は家庭を含めた幼児期の教育において培う要素が大きいことが理解された。また，改めて従来幼児教育が重視してきた愛着形成や生活習慣の形成は「非認知的能力」を下支えする上で欠くことができない要素であることも確認された。

　では，幼児教育において培った「非認知的能力」がその後の学校教育，特に学力（認知的能力）とどう関連していくのか。本節では，「非認知的能力」と学力の関連について，日本財団による貧困と学力の調査研究の結果[18]のレポート『家庭の経済格差と子どもの認知能力・非認知能力格差の関係分析』に基づいて考察する。

　本レポートでは貧困と学力の関係を調査するため，箕面市との協力のもと「箕面市子ども成長見守りシステム」による生活保護・就学援助等の行政情報，学童・スクールソーシャルワーカーの利用等の教育施策情報，学力・生活習慣等の情報が子ども一人一人を追跡可能なデータ（約2万5千人分）を用いて学力と貧困に関する諸要件の関連性が検証された。行政データと学力データを関連させ，生活保護等の経済援助を受けている世帯とそれ以外の世帯における学力状況および「非認知的能力」の側面からの検討も試みられている調査報告である。まず，生活保護世帯等の経済援助を受けている世帯と非貧困世帯の子どもと偏差値の推移を比較した結果が図2である。

　7歳から9歳では，経済的に困窮していない世帯と生活保護世帯で偏差値の差は大きくないが10歳になるとその差は広がり，その後はその差がほぼ一

定で推移している[19]。「貧困を背景とする学力格差は小学校初期から存在するが，大きく差が開くのは小学4年生頃」として結果報告がされている。この年齢層における学力成績の変化・変動に注視することは，子どもが抱えている学びの阻害因の早期発見の視点として有用であることが考えらえる。

　次に，経済状況別の「非認知的能力」について，回答した結果について見てみる。表1において，回答事項として挙げられている内容は，子どもの学習習慣，生活習慣等について箕面市の「学習状況生活状況調査」で確認している項目の中から「非認知的能力」として捉え，小学校1年生から中学校3年生まで全学年に一貫して質問した事項である。また，図3においては，その得点化した結果の代表的傾向を示すものである。

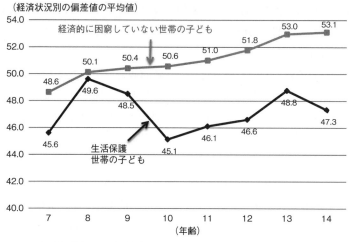

図2　生活保護世帯と経済困窮していない世帯の偏差値の推移（国語）

表1　「非認知的能力」としての質問項目

・かなしいことや困ったことがあった時に家の人に相談できるか
・あなたの気もちを，分かってくれる友だちがいるか
・つらいことや，こまったことを，学校の先生にそうだんできるか
・べんきょうやスポーツ，習いごと，しゅみなどで，じまんできる，とくいなことがあるか
・べんきょう，スポーツ，習いごと，しゅみなどで，がんばっていることがあるか
・学校のきそくや，クラスで話し合って決めたことを，まもっていますか
・1日のべんきょう時間はこれくらいと，めやすをきめていますか
・朝ごはんを，毎日食べていますか

（日本財団（2018）に基づき作成）

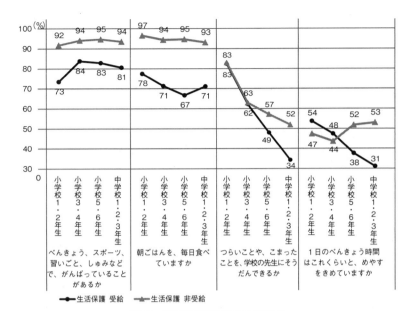

図3　経済状況別非認知的能力

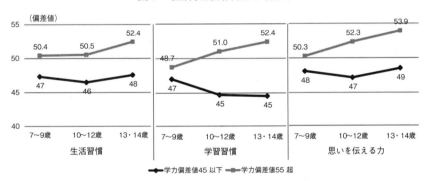

図4　貧困世帯における学力の高い子どもと低い子どもの非認知能力

（図2〜4　日本財団（2018）より引用）

　同レポートでは，貧困状態にある子どもは，「非認知能力がいずれの項目でも低い傾向にある」。「特に基礎的な項目（家族への相談の可否，頑張っていることの有無，朝食をとる習慣など）について，小学校低学年時点で既に大きな格差が存在する」。しかし，「貧困状態であっても学力が高い子どもは，

非認知能力が高い傾向」にあり，「生活習慣，学習習慣，思いを伝える力は，学力と強い正の相関がある」ことが報告されている[20]（**図4**）。

　同レポートの報告を踏まえると，たとえ貧困状態にあっても学力の高い子どもは，生活習慣や学習習慣などが高水準にあることが理解できる。また，**図2**および**図3**の得点傾向から解釈すると，小学校期の教育において学力の格差が著しく拡大するのが小学校3年生前後であることが予測できる。小学校低学年時から学力状況と「非認知的能力」の要素に注視し，背景にある児童の生活状況を踏まえた早期の支援を行うことにより学力格差の拡大を食い止めることができる可能性が高いといえよう。

　以上から，本節では，データの代表性の問題は残るものの，学力と貧困の関係からその背後にて「非認知的能力」が影響を及ぼす事実について確認してきた。

　「深い学び」を展開していくためにも，小学校期の学力（認知的能力）を捉えていく際においても「非認知的能力」の視点から考えるべき要素が多く存在することが確認できる。学力が低い＝「勉強ができない（個人の能力）」よりも，「勉強ができない環境要因を抱えている可能性が高い」に注視する必要があるといえよう。

おわりに　「学べる状況にあるのか」への注視

　本稿では，「深い学び」を実現していく上で，「非認知的能力」を起点に，学校教育の基礎を担う幼児教育の役割を確認し，先行研究の知見に基づき幼児教育に求められている「非認知的能力」の実態を確認してきた。加えて，小学校期の教育において，「深い学び」を実現する以前に，一人ひとりの子どもがどう学べる状況にあるのか（「非認知的能力」を含めた家庭等の環境要因）への注視なくして，子どもの学び（認知的能力）を高めることが難しい可能性について確認した。

　今後の幼児期の教育に求められる役割として，学校教育の基礎として「非認知的能力」の醸成であることが各種調査研究から示唆される。2019年10月より始まった「幼児教育の無償化」は制度を見れば，幼児教育への投資とし

て，世界にならった動向のようにも見える。幼児教育の「質の保証」を検証していく際にも，乳児期・幼児期の教育期に「非認知的能力」や「認知的能力」等の力がどのように発達・育成されるのかの冷静な検証が必要であろう。その意味において，「非認知的能力」にまつわる諸学問の基礎的研究の援用とそこからの応用的研究に期待するところは大きい。

その一方で，本稿でも確認した通り，「非認知的能力」は見えづらく，測定もしづらいことからも，見えやすい能力との関係からその輪郭を描くことが適えばとも考える。本稿では，箕面市の先駆的事例から学力と貧困の関係，その背後に存在する「非認知的能力」の影響を確認した。「非認知的能力」を観点とした際，今後の保幼小接続に関する研究は，その意義と意味を修正する必要もあり得るであろう。幼児教育において培う「非認知的能力」が小学校期の学力を培う上で，重要な要素である可能性が高い。

子どもたちが「深い学び」を展開していくための方策について検討する上で，認知的能力やスキルの側面からのみ看取するのではなく，「学びに向かう力，人間性等」の従来「生きる力」や「豊かな人間性」などで示されてきた資質・能力を「非認知的能力」の側面から捉え直すことで，子ども個々人が背景として抱える家庭環境等の環境要因も含めた「子ども理解」が必要であると考える。「非認知的能力」を視点とした際，「深い学び」がまさに子どもが有する「学びに向かう力，人間性等」と深くかかわる実践であることを改めて注視しなければならないであろう。

［キーワード］

幼児教育（ECEC），非認知的能力（Non-Cognitive Abilities），貧困（Poverty），学力（Cognitive Ability），深い学び（Deep Learning）

〈注〉
(1) ジェームズJ.ヘックマン著，古草秀子訳，大竹文雄解説（2015）『幼児教育の経済学』東洋経済新報社。
(2) 文部科学省（2018）『幼稚園教育要領解説』フレーベル館，3頁。

⑶　文部科学省「中央教育審議会」「初等中等教育分科会（第100回）」「資料1　教育課程企画特別部会論点整理」。
https://www.mext.go.jp/b_menu/shingi/chukyo/chukyo3/siryo/attach/1364306.htm（2020年 6 月29日取得）

⑷　文部科学省ホームページ「中央教育審議会初等中等教育分科会（第100回）配付資料」「資料1-2　教育課程企画特別部会　論点整理　補足資料 1 」
https://warp.ndl.go.jp/info:ndljp/pid/11293659/www.mext.go.jp/b_menu/shingi/chukyo/chukyo3/siryo/__icsFiles/afieldfile/2015/11/17/1364305_001_1.pdf

⑸　ベネッセ次世代育成研究所（2012）「幼児期から小学1年生の家庭教育調査（速報版）」
https://berd.benesse.jp/up_images/research/research22_pre1.pdf（2020年 6 月29日取得）

⑹　本稿では，非認知的能力の表記が，社会情緒的能力，社会情動的スキル，ソフトスキルなど学際的に統一をみない概念であることから「非認知的能力」と表記し検討していく。

⑺　ヘックマン著，古草訳，前掲書，39頁。

⑻　ヘックマン著，古草訳，前掲書，32頁。

⑼　西田季里，久保田（河本）愛子，利根川明子，遠藤利彦（2019）「非認知能力に関する研究の動向と課題—幼児の非認知能力の育ちを支えるプログラム開発研究のための整理—」『東京大学大学院教育学研究科紀要』第58巻，31-39頁，東京大学大学院教育学研究科。

⑽　経済協力開発機構（OECD）編著，ベネッセ教育総合研究所企画・制作，無藤隆・秋田喜代美監訳（2018）『社会情動的スキル—学びに向かう力—』明石書店。

⑾　中央教育審議会「幼児教育部会における審議の取りまとめについて（報告）」
https://warp.ndl.go.jp/info:ndljp/pid/11293659/www.mext.go.jp/b_menu/shingi/chukyo/chukyo3/057/sonota/__icsFiles/afieldfile/2016/09/12/1377007_01_4.pdf（2020年6月29日取得）

⑿　同上書，210頁。「社会情動的スキルの高い人は，認知的スキルの向上による健康面での恩恵が大きく，（健康であるが故に）認知的スキルの発達も早い」とされている。

⒀　同上書，210頁。そのほかにもOECDによる整理では，「家庭，学校，地域社会における学習環境が相互に質を高め合うことができる」点など「社会に開かれた教育課程」等の視点からも「社会情動的スキル」の可能性を検討する際の

示唆にも富んでる。

⒁　ベネッセ教育総合研究所（2019）「幼児期から小学生の家庭教育調査・縦断調査」

https://berd.benesse.jp/jisedai/research/detail1.php?id=3684（2020年6月29日取得）

ベネッセ教育総合研究所（2019）「幼児期から小学生の家庭教育調査・縦断調査」,「小4までの調査結果（2018年3月調査）」プレスリリース。

https://berd.benesse.jp/up_images/publicity/press_release_20190225_.pdf

⒂　「幼児期から小学生の家庭教育調査・縦断調査」,「小1までの調査結果（2015年3月調査）」報告書，22頁。（2020年6月29日取得）。

https://berd.benesse.jp/up_images/research/20160308_katei-chosa_sokuhou.pdf（2020年6月29日取得）。

⒃　ポール・タフ著，高山真由美訳（2017）『私たちは子どもに何ができるのか―非認知能力を育み，格差に挑む』英知出版，27頁。

⒄　国立教育政策研究所「教育課程の編成に関する基礎的研究報告書5 社会の変化に対応する資質や能力を育成する教育課程編成の基本原理」

https://www.nier.go.jp/kaihatsu/pdf/Houkokusho-5.pdf（2020年6月29日取得）

⒅　日本財団（2018）「家庭の経済格差と子どもの認知能力・非認知能力格差の関係分析－2.5万人のビッグデータから見えてきたもの－」調査レポート，日本財団ホームページ。

https://www.nippon-foundation.or.jp/app/uploads/2019/01/wha_pro_end_07.pdf（2020年6月29日取得）。

⒆　日本財団（2018），同上レポート，23頁。

⒇　日本財団（2018），同上レポート，35頁。

深い学びの本質についての探究的試論
―事例調査からみえてくるもの―

白鷗大学 **黒羽 正見**

はじめに

平成29年3月に新学習指導要領が告示され，改訂のキーワードの一つとして，「主体的・対話的で深い学び」の実現に向けた授業改善が重要視された。そして，小学校学習指導要領の解説総則編によれば，深い学びを「習得・活用・探究という学びの過程の中で，各教科等の特質に応じた『見方・考え方』を働かせながら，知識を相互に関連付けてより深く理解したり，情報を精査して考えを形成したり，問題を見いだして解決策を考えたり，思いや考えを基に創造したりすることに向かう。」[1]ことと述べている。

今ここに，筆者が10年以上に亘り授業観察を継続してきたM県の公立S小学校の道徳科授業における子どもの学びの事実がある。すなわち，「神父さんの広い心に驚きました。私は今まで何でも絶対許すことができなかったけど，ミリエル神父のようにそこまではできないかもしれないけど，これからは少しでも広い心をもって生活しようと思いました（教材名「銀のしょく台」出典　東京書籍，第6学年，寛容・謙虚)。」と。この子どもの学びの事実から，自分の考えをしっかりと持って，自身の内的な世界を広げた喜びを生き生きと語っている姿が窺える。つまり，この子どもの一連の学びのなかに主体的・対話的な学びを経て今まで自分がもっていなかった感じ方や考え方に触れ，新しい発見や学びにつながっていった深い学びが具現化されていたと推察できる。

そこで本稿では，さらに深い学びの核心へ迫るために，公立S小学校の授

業行為の具体的様相を明らかにすることを通して，深い学びの本質についての示唆を得たい[2]。

I　深い学びの本質を探究するための基本的視座

1　子どもの学びを阻むもの

　化学分析用語に，定量分析（quantitative analysis）と定性分析（qualitative analysis）がある。前者は数字を用いて，ある事象を客観的に把握し，評価・分析する方法であり，後者は数字を用いず，ある事象の内実を洞察し，主観的に評価・分析する方法である。一般的に，授業行為における子どもを見つめる教師の眼（評価）は，明らかに「定量分析」的評価であり，今日の教科指導における評価はこの定量分析を原則としている[3]。つまり，教師には学習課題の目的・内容について可能な限り子どもたち全員が理解していることが理想であり，そのための話し合いに時間をかけたり，板書を構造化したりと理解の徹底化を図ることで，最終的に定量分析を求めている。それゆえ，発問に対して期待する反応が想定され，丁寧に子どもに意見を求めながらも，教師のまなざしは常に特定の意見を期待しているのである。とりわけ，特殊な条件下での研究授業では，時間内での目標達成に迫られ，指示・説明や偏った指名を繰り返しながら，教師は想定内の回答を求める授業行為に無意識のうちに駆り立てられている。このような授業行為は，子ども自身に発見させないで教師の説明で分かったような気分にさせたり，単なる言葉のやりとりだけの皮相的な理解を求めたりしているに過ぎない。むしろ学べるはずの子どもたちを学べなくしているようなものである。わが国の大半の良心的な教師は，日々の授業行為で綿密な教材研究による指示・説明の徹底化，板書の構造化，ノート指導などを充実させている。しかし，時に子どもの滞る学習現実に直面した際には，子どもを学べなくしている原因は何であるのか，私たちは一歩退いた冷静な眼で検討・吟味してみる必要があると考える。

2　子どもを深い学びへ誘うもの

　子どもの深い学びへの入り口にあたる「学ぶ」とは，「まねぶ」が語源と

され，本来自分の内から求めて止まない意識的行為を意味している。しかし上述の通り，時間内での目標達成に迫られる教師の意図的な働きかけによって，非主体的行為を余儀なくされているのである。子どもの学びは最初「まねる」ことを出発点として，次第に自分の意志で探究し，発見し，創造する営みを遂行することが理想的である。教師は子どもの内発的動機づけを大切にして自ら学ぶ意欲を喚起させ，子どもの活動や思考を促進しなければならない。子どもを真の学び者にするには，本人が学ぼうとする意欲を喚起させ，「探究の主体者」になることが必要不可欠である。この探究の主体者の存在こそが，「学ぶ」と「学ばせられる」との分岐点となるからである。教科指導では教科の論理や教師の論理が優先され，実際に知識や技能を教え授けることはしても，子どもを「探究の主体者」にすることは意外に難しいようである。しかし，子どもたちにとって，教えられた内容を暗記するよりも，自分で考えて理解したり，未知の事象を自分で発見したりする方がはるかに楽しく学びがいがある。したがって，深い学びには子どもが学びの楽しさを知り，学習内容を身に付け，定着させ，わかるという一連の授業過程が重要なのである。

3 学びのトライアングルのなかの深い学び

　深い学びは教室空間の中で教師と子どもが教材を媒介にして織りなす授業行為から生まれ，「学びのトライアングル」の中に存在すると筆者は考えている。すなわち，「教師」と「子ども」と「教材」の三者が楽器のトライアングルのように響き合い，素晴らしい音色の極みに，その質的高まりの深い学びが期待できる。さらに，学びのトライアングルの中心を担う教師および子どもは，それぞれが固有な生活史（life history）という背景をもち，価値観・欲求・興味・関心などの諸点においてパーソナリティの異なる生身の人間である。また，教師は学級集団を組織・指導し，その授業は子どもの一人ひとりに即して個別的・具体的であることが要求される複雑極まりない性質を有している。そのため，単なる「指導者と学習者」として機械的な役割分担の授業様式に当てはめて処理することは困難である。今，筆者の見地から

授業行為を検討するならば，次の４点があげられる。第一に，教師と教材との関係である。授業行為は教師と子どもが教材を媒介にして創造する共同作業であり，両者の活動を実質的に規定し，授業の質を決定する核的要素が教材である。つまり，深い学びは，子どもの学習能力や興味関心と教材との対立・葛藤の克服過程を経た「主体的

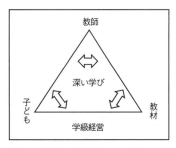

図１　学びのトライアングル

認識」の質的高まりを意味するのである。第二に，子どもと教材との関係である。子どもは教材との出会いを通して学習するため，その出会いに内的必然性が伴わなければ，その教材は子ども不在となり，教師の教え込みの姿勢が色濃く反映される。しかし，学びのトライアングルのなかでは，子どもと教材の必然的な出会いがつくり出され，子どもが学習対象である教材に主体的にかかわりながら，「探究の主体者」として主体的な学びが成立しているのである。第三に，教師と子どもとの関係である。授業行為は学級集団で行われるため，個性的な学び方がその学級集団の人数分だけ存在し，一つの学習組織体として展開されている。そして，そこには子ども同士が認め合ったり，否定し合ったり，補い合ったりする相互作用，すなわち，「影響し合う関係」という対話的な学びが成立している。この相互作用を媒介にしながら，子どもが新しい物の見方や考え方を獲得していく過程のなかに深い学びは立ち現れてくるのである。第四に，深い学びが紡ぎだされる教室空間である。毎日の授業の場である学級が，冷たくて居心地の悪い空間であったら，自他ともに高まり合う人間関係－学習集団の成立は難しく，その結果深い学びには至らない。しかしながら，学びのトライアングルのなかでは，教師が子どもと共に生活し，共に学び合う人間関係を築き上げていく過程で，子どもを共感的に理解し，そのうえで子ども一人ひとりに存在感を与えていく指導態度に貫かれている。それゆえ，子どもは被包感に浸りながら，学習意欲を自発させ，仲間を思いやり，自他と共に高まり合う人間関係を築いている。したがって，主体的な学びを質的に高め，対話的学び，そして深い学びへと導

くためには，教師と子どもと教材が響き合う関係を調和させる温かい教室空間が必要なのである。

Ⅱ　公立Ｓ小学校の「深い学び」に関する事例調査

1　本事例校選定の理由

　公立Ｓ小学校は平成28年４月現在，児童数362名の各学級２，３学級で構成されている。教職員は23名で，このうち教科指導に15名の教員が当たっている。Ｓ小学校は20年以上に亘り全学級の研究授業を毎年６月に自主的に公開している。毎年この公開に向けた校内研修を推進すると共に，各教科部会の研究主任を中心に児童の学習の質的向上を図る授業改善に取り組み，教師の着実な授業力向上を継続・発展させている。それゆえ，今日の厳しい教育条件下で，Ｓ小学校の授業行為を探ることは，本稿課題の深い学びの本質を探究する点から非常に意義があると考え，事例調査対象校として選定した。

2　事例調査の目的と方法

　本事例調査の目的は，筆者が10年以上に亘り授業観察を継続してきたＳ小学校の授業行為の具体的様相を明らかにすることを通して，深い学びの本質についての示唆を得ることである。方法としては，Ｓ小学校に協力を依頼して，平成27年６月14日より28年８月31日に亘り月１回の割合で参与観察（通常午前８時から午後６時まで）を行い，特定の授業行為に関してビデオ撮影と随時面接法を織り混ぜながら行った。子どもの深い学びを読み解く方法は，対象教師の授業行為を精細かつ客観的に描き出すために，授業プロトコルに基づいたカンファレンスを採用した[4]。カンファレンスの実施日は平成28年７月１日（金）の13時45分から17時までとした。６月15日（金）の研究授業を参加者全員で参観し，同時にビデオ撮影して記録に残した。カンファレンス参加者はM県N市の「授業力アップ講座」事業の一環として，市内の教職歴10年未満の若手教員20名，Ｓ小学校の協力教員９名，大学教員（筆者）１名の合計30名であった。

3 授業プロトコルに基づくカンファレンスの実際

⑴ 授業対象者のプロフィール

　今回Ｓ小学校職員の中から協力を依頼した板橋教諭（仮名）は，1968（昭和43）年生まれの48歳の女性教師である。国立大学の教育学部を卒業後，22歳でＭ県の公立小学校教員に採用される。教職歴26年目で現在の勤務校が5校目である。現在勤務校では5年1組の学級担任，学年主任の他，道徳主任を担当している。赴任してから今度で連続5回目となる6月恒例の道徳授業公開研究に向けて1年かけての授業研究の研鑽を積んできている。Ｍ県内外の先生方（筆者も含む）から指導力のある教員としての定評があるため，本事例調査対象教師として最適であると判断した。なお，以下の道徳授業プロトコル⑵の「ねらいとする価値」から⑶の「教材について」，そして⑷の「本時のねらい」と算用数字で表示してある学習活動の流れは，授業者の学習指導案からの抜粋である。

⑵ ねらいとする価値

　本主題は，第5学年および第6学年の内容項目2—⑷「人の気持ちや立場を考え，広い心で過ちを許そうとする心情を育てる」をねらいとしている。毎年のクラス替えにより，今年度も新しい仲間との生活が始まった。そこには自分と異なる意見を持つ友だちもいるため，他人の失敗や過ちを一方的に非難したり，自分には理解できない相手の行動や考えを許さず，無理矢理にでも自分の価値観を押しつけようとする子どももいる。そこで，自分とは立場の違う人からも学ぶような広い心をもつミリエル神父の，ジャン＝バルジャンに対する寛容な心に触れることで，自分もそうありたいという心情を育てていきたい。

⑶ 教材について（教材名「銀のしょく台」出典　東京書籍，第6学年，寛容・謙虚）

　本教材は，ビクトル・ユゴー作「ああ無情」の感動場面を取り上げた物語である。ジャン・バルジャンは長い服役を終え刑務所から出てきたが，誰も敬遠した。そんな時にミリエル司教は彼を温かく迎え入れたのであった。しかし，ジャン・バルジャンは司教の銀の食器を盗んで逃げてしまう。翌朝，

ジャン・バルジャンは憲兵に捕まるが，司教は怒るどころか食器はあげたものであると言い，さらに銀のしょく台までも持たせた。「罪を憎んで人を憎まず」という言葉通り，キリスト教の精神に基づく寛容の心が示されている感動深い教材である。

⑷　プロトコルにみる深い学びにいたる過程

　本時のねらいは，「自分と異なる意見や立場の違い，相手の過ちに対しても広い心で受け止めようとする心情を育てる。」である。すべてのカンファレンス参加者が，中心発問からの教師と子どもとのかかわり合いに焦点化した指導場面を事例として切り取っていた。すなわち，ジャン・バルジャンが恩人である神父の目を盗み，神父が大事にしていた銀の食器を盗み逃げてしまう。翌朝，警察に捕まったジャン・バルジャンが神父の前に突き出された際，神父の行動を「あなたならどうするか」という中心発問をして，子ども一人ひとりに自分の判断を問う場面である。授業者の女性教師，児童の反応はアルファベット「Ｓ」で，活動内容は算用数字で，子どもの深い学びに至る過程は〈　〉で，次のカンファレンス⑸と関連する個所は下線で表示してある。

　1．今までの体験を振り返る。　〈子どもと教材との内的必然性のある出会い〉
板橋：これ何だか分かる。先週，みんなに凄く怒って絶対許せなかったこと，
　　許してもらって有り難かったことについての書いてもらったアンケートです。
　　許せないことがこんなに多いです（具体物を手にかざしながら）。一つ読んで
　　みるね。ドッチボールやサッカーした時，ずるされたことは許せないです。
　　（中略）
板橋：今日はフランスの「銀のろうそく立て」という話をします。この銀のろ
　　うそく立ては1本11万円もするものです。〈教材との出会い→主体性の促し〉
Ｓ：え…（複数の児童たちが驚きのつぶやきをする）
板橋：この人，誰だと思う（ジャン・バルジャンの絵をみせながら）。この話に
　　はジャン・バルジャンという人が出てきます。この人は，19年も牢屋にいま
　　した。
Ｓ：え…（複数の児童たちが驚きながら）。何したの。どんな悪いことしたの。
板橋：凄いでしょ。そして，牢屋の中に凄い悪者がいるという噂が広まるんだ。

どうして，19年もの長い間牢屋にいたかというと，家が貧しくて，家族のために一切れのパンを盗んだために牢屋に入れられたの。それから子供たちや家族のことが心配で脱獄を繰り返したからなんです。脱獄の意味わかる。たった一切れのパンを盗んだために19年間も牢屋だよ。

S：（ほとんどの児童が驚きのあまり，静かに頷いている）

板橋：ジャン・バルジャンの他に，もう一人ミリエル神父という人が登場します。神父はどんな人か分かるかな。

S：教会にいる人。神に仕える人（複数の児童たちが口々に）。

板橋：そうだね。じゃあ，お話しを読むよ（し～んと静まりかえる）。（中略）

2．教材「銀のろうそく立て」の次の日の朝ジャンが警察に連れてこられるまでを聞き話し合う。〈中心発問：子どもの主体的な学びを促す教師のかかわり〉

板橋：①君たちは神父です。目の前のジャン・バルジャンにどんな対応をしますか。

（全児童が挙手し，その中の１名を指名。全児童がＳ1に正対した真剣なまなざし）

S1：ひどすぎるから怒ります。

板橋：②ひどいよね。裏切りだよね。S2君はどうする。

S2：③怒って，返してもらって，それから牢屋にもどさせます。

板橋：④そんな行動にでるのは，どうして。

S2：⑤感謝の気持ちがないし，高価なものだからです。

板橋：⑥うんうん。そうだよね。この人が盗みましたって言うんだね。もっといっぱいあるだろうけど，今までとは全然違う意見のある人は。

S3：⑦最初は怒るけど，許してあげます。

板橋：⑧それはどうして。

S3：⑨最初に盗んだのは家族を助けるためだったから，今回も何か理由があるはずです。盗んだのは悪いけど，また牢屋に入れるのはかわいそうだからです。

板橋：⑩え－！（大袈裟に驚く）。許さない方がいいんじゃない。牢屋に入れなくて本当にいいの。また，どうせ盗んじゃうよ。先生なら絶対に助けないなー。

S3：（悩んでいる様子で，何も言えないでいる）

板橋：はい，いいよ。他に意見ある人は。

S4：⑪好きなだけ持っていっていいと言います。

板橋：⑫え，どうして（驚く）。それやけくそになって好きなだけもっていけと

言う。

S4：⑬パンを盗んだのも家族のためで，貧乏な人を助けるのが神父さんだから。

板橋：⑭じゃあ何か理由があれば盗んでいいんだね。いいんだね。（強めに念を押す）

S4：⑮（首をかしげながら悩んでいる様子）

3．自分の考えを深めさせるために3人程度の話しやすい人数の班で語り合わせ，自己の心情や判断を表現させる。

〈主体的・対話的な学びを促す教師のかかわり〉

板橋：⑯（黒板を指して）じゃあ今自分と一番近い考えの所にネーム板を貼ってきて。

板橋：⑰それじゃ，3人で輪になって話し合ってごらん。どうぞ。（中略）

板橋：⑱じゃあ話し合ってみて，思いが変わった人いるかな。

S5：「怒る」から「話を聞く」に変わりました。〈子どもの学びの質的な高まり〉

板橋：⑲あれ。最初は絶対許せないって言ってたよね。なんで話を聞こうと思ったの。

S5：盗んだのは理由があるかもしれない。すぐ怒るのはかわいそうだと思ったから。

S6：S5君に付け足しで，彼は本当は心が優しい人間だからです。家族のことが心配で心配でたまらないから，ちゃんと話を聞いてあげたいです。

板橋：なるほどね。じゃあこの後ジャン・バルジャンがどうなったか教えてあげるね。

（ジャン・バルジャンが神父に庇われ，助かることを告げる）

板橋：はっと思うよね。何で庇って，さらに銀のろうそく立てまであげちゃうの。自分を殺そうとした人なのに，神父はどうして，ここまでするのかな。

S7：また牢獄に送るのはかわいそうだから，食器とろうそく立てをあげることで貧しさから救いたかったからです。

板橋：なるほどね。19年間も牢獄にいたもんね。他の人の意見はどう。

S8：ぼくもS7さんと似ているんですが，今までずっと牢獄に入れられていて冷たい心になってしまったから，これを機会に温かい心を取り戻してほしいと思ったから。

板橋：確かに昔は温かい心をもっていたはず。パンを盗んだのも家族のためだったし。（中略）

板橋：なるほどね。色々な意見がでているね。こんな事をやってしまった人を

許せるミリエル神父って，どんな人なんだろうね。

S9：凄く心が広い人。（即どのくらい広いのと板橋が切り返す）。海のように広い心。

4．今までの自分のもっていた価値と照らし合わせて振り返る。

板橋：そうなんだね。海のように凄く心が広い人か。じゃ，今のあなたの心はどうなの。今の自分のことを振り返ってみて。

〈子どもの深い学び，S10，S11の道徳的価値の自覚化〉

S10：ミリエル神父の心の広さは凄いと思いました。今の自分には絶対にできないけれど，少しずつでもいいから近づいていきたいと思いました。

板橋：その気持ち，先生分かるな〜。

S11：神父さんの広い心に驚きました。私は今まで何でも絶対許すことができなかったけど，ミリエル神父のようにそこまではできないかもしれないけど，これからは少しでも広い心をもって生活しようと思いました。

（言葉に詰まりながら話す児童に相づちを打ちながら）

5．その後のジャン・バルジャンについて知る。

板橋：そうだね。ここまでは厳しいけれど，広い心をもちたいね。ジャン・バルジャンは最後にどうなったと思う。ジャンは神父のおかげで，貧しい人を助ける人になりましたよ。先生もこんな人になりたいな。

【子どもが深い学びに辿り着く過程】

　板橋教諭は子どもの物の見方，考え方，感じ方の枠組みに即して子ども一人ひとりを理解し，温かく受け入れていた。それゆえ，子どもたちが教材中の主人公（ジャンとミリエル神父）に真剣に自己を同一化させ，その状況における心の葛藤，道徳的価値の選択，決断と敢行の姿を生き生きと追体験していた。つまり，子どもたちが情緒的に安定した雰囲気を醸し出し，提示された道徳教材を自発的に学習し，道徳的価値の内面的自覚を深めていったありようが確認できる。端的にいえば，授業初めのプロトコル「児童S1」から終わりの「児童S11」まで，子どもたちは自分の考えを自分の言葉で自由に表現し，主体的な学びを展開していた。さらに，「児童S5」から「児童S8」では，子ども一人ひとりが異なる表現で，自分の考えを友達と板橋教諭

に一生懸命に伝えたり，子ども同士が認め合ったり補い合ったりしながら次々と言葉をつなぎ合わせ，対話的な学びへと向かっていた。そして，最後の「児童Ｓ10」と「児童Ｓ11」では明らかに深い学びを生み出していた。なぜならば，子どもたちは自分の中に教材の真実を見出し，自分を重ねてしっかりと教材の本質を語っていたからである。さらに主体的・対話的な学びを経て，人間としての生き方を強く求めようとする姿勢が生まれ，その姿勢が今の自分を深く見つめ直していく大きなばねになっていたからである。すなわち，板橋教諭と子どもと教材が響き合う関係の中から生まれた深い学びには，その三者を調和させる「信頼」という深い絆に基づいた温かな人間関係の存在が確認できたのである。

(5) 授業プロトコルに基づくカンファレンス

カンファレンスは，研究授業者の授業行為に焦点を当てながら，授業者の発問や子どもの発言の一言一句，さらには表情や間の取り方等にも目を向け，その授業背景に隠れている教師の思いや願いを授業行為の文脈に沿って検討・吟味していった。とくに子どもの主体的・対話的な学びから深い学び誘発するものは何かについて，自由に意見交換した。「教師１」，「教師２」と算用数字を付して発表者を区別した。また特徴的な授業行為およびその結果には下線とアルファベットで記入して，Ａ：主体性，Ｂ：学級の雰囲気，Ｃ：教師の指導性，Ｄ：傾聴・受容・共感，Ｅ：信頼関係と記号化することでカンファレンス参加者の説明の重層性を明確にし，分析・考察に対する客観性を浮き彫りにした。

教師１：Ａ：児童たちに自分の考えをきちんと学級に発信する態度ができている。常に多くの児童らが挙手・発言し，Ｂ：考えを述べやすい学級の雰囲気がある。Ｃ：この学級の雰囲気を醸し出す理由は，「⑩や⑭」のような教師のかかわり方があるのではないか。

教師２：Ｄ：教師は児童らの発言によく耳を傾け，一人一人に様々な反応を返していた。Ｃ：共感の言葉もあれば，「⑩や⑭」のように児童らの考えを揺さぶる声かけもある。

教師３：Ｄ：児童一人一人の考えを大切に受け止めてくれる教師の姿勢が児

童たちにもはっきりと認知されていた。C：教師の細やかな気遣いから多数派の考えに流されず，B：自由に考えを発表できる安心感が生まれている。

教師4：D：教師の児童理解に裏打ちされた一人一人への細やかな心遣いが，B：子どもの心を育てる上で不可欠な温かい学級の雰囲気を生み出している。

教師5：B：授業開始前から学級の雰囲気の温かさや明るさ，A：そしてけじめのある行動が見られ，E：児童と教師の信頼関係の構築が強く感じられる。

教師6：この授業の一番の指導性は，C：「⑩」に代表される教師のリアクションである。

教師7：私もそう思う。教師は児童らの考えに，C：「そうか」，「そうだよね」と深い納得をみせたり，「えっ」と故意に驚いたりしてみせる態度が画一的ではなく，B：「先生は私/ぼくの考えをしっかりと聞いてくれている」という感覚を生み出している。

教師8：「⑭」の発言が教師から発せられた時，一人の児童を責めている感じがして不安に思ったが，A：児童は怯んだり，拗ねたりする様子もなく，真剣に答えを探している様子がみられる。

教師9：あの場面は私も凄いと思った。A：他の児童たちが教師に便乗して児童「S4」を批判する行為もなく，児童たちも真剣に教師の問いかけを考えている様子だった。

教師10：D：教師が児童一人一人と真剣に向き合おうとする姿勢が絶えず見受けられ，B：温かい学級である。それに，E：発言する児童も教師も互いをしっかりと見つめ，発言を受け止め，再度問いかけ，考え，答えるというサイクルが完成している。

教師11：E：教師も児童も互いを尊重し合っていると伝わってくる温かい雰囲気こそが，B：児童が安心して積極的に授業に参加できる確かな根拠であると実感できた。

教師12：C「⑩」のような否定的発言を思い切ってするためには，E：教師

と児童，児童同士の間に普段から信頼関係がないとできない。

教師13：A：休み時間と授業への移り変わりのメリハリがきちんとしていて，E：児童が教師を信頼している様子が伝わってくる。C：ちょっとした質問・応答の場面で教師と児童がとてもリズミカルでスムーズに情報交流が行われ，B：良い意味での慣れ安心感が見られ，温かい学級が形成されている。

教師14：「⑦や⑪」のような，D：予想外の考えが出た時も，児童の発言に真剣に耳を傾けている。C：児童の発言が盗みを肯定しているような内容に対して，「⑩や⑭」のように少し強い口調で問い直していた。

教師15：C：「そうだね」などの肯定する言葉は発せず，「それでいいのか」と直ぐ切り返している態度に驚いた。B：普段から教師と児童との信頼関係が築けていれば，いつも「そうだね」「なるほどね」と肯定的な発言から入る必要もないのだろう。

教師16：D：教師が児童一人一人の意見を真剣に聞き取り，B：カウンセリングマインド的に反応をすることで児童たちも発言しやすく，E：教師と児童の信頼関係が図られている。

教師17：D：児童一人一人が真剣に授業を受けており，教師もより良い授業にしようとしている熱意が強く伝わり，E：お互いで授業を創り出しているという印象がある。

【深い学びを促進する教師の指導性】

　子どもの主体的・対話的な学びを経た深い学びを具現化している教師の指導性は，各教師のカンファレンスシートの意見交流からも明らかである。すなわち，板橋教諭は，子どもたちの言動の裏面に隠された道徳的価値としての「内なる声」を鋭く察知していた。そして，子どもから何を，どのように引き出し，認め，それに対してどう支援すべきか明確なかかわり方を理解していた。それゆえ，子どもに対する自分なりの思いや願いを強くもって，どのような状況においても子どもを信じ，また子どもがありのままをさらけ出すことにも寛容的なのである。また，子どもたちの言動が，たとえどんな言動であっても，すべてを温かく受け止め，それぞれに意味を持たせていた。

つまり，板橋教諭は子どもとのかかわり合いの瞬間瞬間の状況に即興的に応じて，子どもの言動を検討・吟味し，その言動が表面的な意味を超えた独自な含みや色合いを持っていることを了解していると思われる。突き詰めていえば，子どもがその言葉やまなざしによって伝えたいもの，その言葉やまなざしに込められた感情やこだわり等の「内なる声」を窺い知ったうえで，「内なる声」の何をどのように取り上げて，子どもの道徳的成長である道徳性の育成を図るべきか絶えず思考を働かせていたのである。このような深い学びを促す板橋教諭の指導性の内実を理解するとき，子どもたちの「内なる声を聴く」という教師の態度が単なる妥協やあまやかしではなく，もっと深い意味での子どもとのかかわり合い―生き方と生き方のぶつかり合い―であったと強く意識せざるをえないのである。

Ⅲ　公立Ｓ小学校の事例調査からみえてくる深い学び

　深い学びは，教師の授業行為の良し悪しで判断するものではなく，「子どもの考えがどのような深さの状態にあるか」という点に着目すべきである。そのため，「授業がどのくらいの深さにあるか」をみるものさしが必要となる。それは学習の結果ではなく，今展開されている授業の主体が誰にあるかである。授業は教師と子どもの相互行為であり，教師が子どもに働きかけ，子どもの考えを広げ深めようとする営みである。それゆえ，子どもが探究の主体者になっているか否かが，授業の深さを測るものさしとみるべきである。上述のプロトコルから，子どもが決して受け身ではなく，「自分も参加している」「自分はこう考えている」「これまでの自分の考えとここが違って，新たにこんなことが分かった」という，「新たな自分の立ち上げ」としての深い学びの内実（実感・本音に基づく内省）が読み取れるのである。その内実から解釈するならば，深い学びとは，教師が子どもを思うままに動かして，徐々に学習させ，できるだけ多くの知識・技能を取得させたり，テスト平均を上げたりすることでは決してない。核心は子どもがその授業の中で何かを発見し，自分なりの考え方で理解し，自分なりの問題をみつけるような学びである。子どもたちは，導入の課題提示段階で今までの生活経験や学習に基

づいた「内的な世界」としての「素朴な自己概念」を持っている。それが教材と出会うことで，「あれっ。もしかしたら」という形で子どもの内面世界に一つの驚きや発見，矛盾などが生じていると思われる。そこから自分なりの探究を発展させることで，「児童S10」や「児童S11」の学びの事実が物語る通り，素朴な自己概念を砕き，新しい発見の世界を見出しているのである。教師の側からみるならば，深い学びとはただ単に決められた一定の教育内容が分かり，覚え込み，できるようになって，知識量を堆積・操作することに長けていくことではない。むしろ教師が子どもに教材との内的必然性のある出会いをつくり出し，「探究の主体者」としての主体的・対話的な学びを促すことによって，子どもが「新たな自己概念」を掘り起こし，自身の内なる世界を広げたり，深めたりしている学びの中に存在するのである。

おわりに

　本稿は，筆者が10年以上に亘り継続観察してきたM県の公立S小学校教師の授業行為の具体的様相を明らかにすることを通して，深い学びの本質についての示唆を得たいと考えた。その結果，深い学びは，教師が子どもに教材との内的必然性のある出会いをつくり出し，「探究の主体者」としての主体的で対話的な学びを促すことで，子どもが「新たな自己概念」を掘り起こし，自身の内なる世界を広げたり，深めたりしている学びの中に存在していた。しかも，その深い学びは，子どもたちの「内なる声を聴く」という教師の指導態度に貫かれ，単なる妥協やあまやかしではなく，もっと深い意味での子どもとのかかわり合い—生き方と生き方のぶつかり合い—であったと結論づけることができる。

　上述のような基本認識を踏まえたうえで次の自問を，とくに私たち教育関係者は心深く受け止める必要があると考える。すなわち，主体的・対話的で深い学びの実践者は自らが対話的人間になろうと努めているであろうか，という点である。深い学びとは，いわば子どもの内面世界を理解したかかわり合いから生じる情緒理解の結晶である。それゆえ，その積極的な促進には，当たり前ではあるが，毎日の授業行為で「子どもの声によく耳を傾ける」

「丁寧な言葉かけをする」など教師自らが対話的人間になる必要がある。すなわち，教師が心を開き，他者（子ども）が語ることによく耳を傾けて，聴く人間にならなければならないのである。突き詰めていえば，深い学びとは他者と出会い，心を開いて語り合うこと。心を開き誠実に子どもに向き合うこと。子どもの語るところに耳を傾け，「よく聴く」「聴き合う」「丁寧に言葉を返してあげる」ことによって，自分を相手の中に見いだし，また未知のものを相手の中に見いだし，驚き，喜び，互いに今自分が生きている世界を豊かにしていく営みである。つまり，子どもがどこからかの借り物で間に合わせるのではなく，深く考えて，自分自身の考えを紡ぎ出す行為といえる。しかも，その紡ぎだす瞬間には，子どもの言葉が「舌足らずになったり」「断片的になったり」「くどくなったり」など，その子ども特有のありようが立ち現れる。だからこそ，深い学びを促す教師は，子どもの言葉に真剣に耳を傾け，そこに意味を見出し，「子どもが今何を言わんとしているのか」「何をつかんでいるのか」を鋭敏に聴き取って，子どもたちに返してあげる姿勢をもつべきなのである。その際，その意味をきちんと理解したうえで，豊かにして子どもに返してあげる。そして，子どもが「探究の主体者」として本気になって考え，考えたことを拙い言葉であっても，ゆっくり，ぽつりぽつりと語れるように，その語った言葉をしっかりと聴き取り，受け止めて，それをさらに豊かにして返してあげたいのである。このような教師の基本姿勢が深い学びを生み出すうえからも重視されるべきと考える。

本稿は筆者が日本学校教育学会機関誌編集委員会より「深い学びの本質」についての原稿依頼を受け，ほぼ10年間の長期間に亘るフィールドワークから導出した臨床の知である。したがって，机上の空論ではなく，研究対象者との直接的なかかわり合いを通した実践感覚に根ざした問題解決に資する具体的な知見である点から鑑みても，深い学びの本質に迫れる一定程度の示唆を与えうるのではないかと考える。

[キーワード]

深い学び（deep learning），探究の主体者（exploratory identity），学び

のトライアングル（Triangle of learning），子どもの内的な世界（mentality of children），自己概念（self-concept）

〈注〉
⑴　深い学びに関しては文部科学省の小学校学習指導要領（平成29年告示解説）の総則編，第3節1の主体的・対話的で深い学びの実現に向けた授業改善のなかで指摘している。

⑵　本稿の事例調査は，教育と時間研究会の『ジャーナル　教育と時間』第20号，21号，22号に筆者が掲載した内容を再度レファレンスし，新たな修正内容を加えて作成した。

⑶　フリー百科事典のウィキペディアの概念説明に筆者自身の事例調査研究法の考えを取り入れながら，新たな概念規定を行った。

⑷　今回採用した協働的カンファレンスは，組織を異にする教師集団が「共に学び合い高め合いながら教師として成長していこう」という共通目標の下，研究授業の実践を検討しながら振り返り，気づくという省察の方法をとった。具体的には，録画ビデオ内容から教師の指導行為の具体的場面を切り取り，各自が最も印象に残った内容でカンファレンスシートを作成し，学習指導案，授業プロトコル，板書内容等に参考にしながら自由な意見交流を図るものである。

〈引用・参考文献〉
伊津野朋弘『子どもが生きる学校の創造』教育開発研究所，1993，291-295頁参照

稲垣忠彦・佐藤学著『（子どもと教育）授業研究入門』岩波書店，1996，184-192頁参照

稲垣忠彦『授業を変えるために―カンファレンスのすすめ―』国土社，1986

稲垣応顕・黒羽正見他著『学際型現代学校教育概論』金子書房，2011

上田薫『人間の生きている授業』黎明書房，1986

梶田叡一『意識としての自己』金子書房，1998

川島みどり・杉野元子『看護カンファレンス』医学書院，2003

黒羽正見「道徳科授業における『教師の指導性』に関する事例研究」『ジャーナル　教育と時間』第22号，2018，57-68頁

黒羽正見「道徳の授業実践観に関する事例研究」『教育と時間』第21号，2017，34-42頁

黒羽正見「アクティブラーニングの意義と課題」『教育と時間』第20号，2016，19-26頁

児島邦宏『学校文化を拓く先生』図書文化，1992

フリー百科事典『ウィキペディア』https//ja.wikipedia.org/wiki定量分析・定性分析

堀井啓幸・黒羽正見編『教師の学び合いが生まれる校内研修』教育開発研究所，2005

文部科学省『小学校学習指導要領　解説　総則編』2018，77頁

Ｏ・Ｆ・ボルノウ著，森昭・岡田渥美訳『教育を支えるもの』黎明書房，1989

第2部

自由研究論文

小学校1年生児童の学習場面における注意行動
—視線の逸れと姿勢の崩れから—

三重大学 **加納 岳拓**

名古屋大学 **山本 裕二**

1．緒言

　「主体的・対話的で深い学び」に向けた授業は，様々な学習場面の中で，自己−対象（学習内容）による二項関係と自己−対象（学習内容）−他者の三項関係とが切り替わりながら展開される。いずれも，対象（学習内容）との関わりを中心とした参加が学習者には求められるが，就学初期の小学校1年生では，教師の話を聞かない，指示通りに行動しない等の行動面の課題が報告されている[1]。このような，対象（学習内容）に対してではなく自己の興味関心に依る刺激に反応する姿への対応は，教師にとって重要な課題と言える。

　本研究では，この教育現場での課題解決のために，児童が学習中に"向かうべき対象（以下：注意対象）に注意が向いている状態"を「注意行動」とし，学習場面の違いによる小学校1年生児童の注意行動の違いを明らかにすることで，学習環境改善の示唆を得る。幼児期では基本的生活習慣を育む経験を重視しているにもかかわらず[2]，小学校1年生で行動面の課題が起きていること，また人間の行為は環境との相互作用によって生じることから，本研究では，これらの行動面の課題に対して，児童個人の発達上の問題とし教授・訓練するという立場ではなく，学習場面の改善などにより学習環境をデザインする立場に立つ。

　児童の注意行動は，視線と座位姿勢を観点として評価する。他者の意図を理解するための自己−対象−他者という三項関係が成立するためには共同注

意が必要で，そのためには他者の視線方向の検出が不可欠である[3]。また，視線の移動パターンと身体の動きのパターンの間に強固な時間的空間的関係があり，加えて，視線は運動の先導性を持つとされる[4][5]。このように，視線は意図を検出する働きを持ち，人間の志向性が表れる観点と言える。一方で，視線は外からの観察に難しさも伴うため[6]，児童の注意行動の妥当な評価に向けて，外界とのかかわりを表す姿勢にも着目する。

　学習時の姿勢の重要性は，以前から身体的健康や心理的健康[7]，学習課題の遂行[8]等から指摘されている。これらは，文脈から切り離した状態で生理学や医学，運動学的視点から捉える「静止の姿勢観」[9]からの座位姿勢である。一方，「アフォーダンス」[10]を鍵概念とし，姿勢は外界の見えと知覚者の行為を本質的に結び付け，能動的な行為の根元であるとする姿勢観に立つ研究も見られる[11][12]。これらと同様に，注意対象に向けて安定した知覚情報の抽出を可能とするための姿勢として座位姿勢も捉えることができると考えられる。

　以上のように，視線と姿勢は外界の意図の検出と外界に対する働きかけの総体として観察可能な観点であるとともに，視覚情報が姿勢制御に影響し，視線が姿勢を先導すること，逆に姿勢によって外界から抽出できる知覚情報が変化するといった相互作用があることから，注意行動を評価する観点とする。

　学習中の注意行動の研究を見ると，小学生対象の研究では事例的に検討するにとどまっている[13]。視線の研究では，教師の授業認識についての研究[14][15]や教師と児童の視線の相互作用に着目した研究[16]がある。座位姿勢に関わる研究では，言語的指示やモデルの提示による姿勢の改善[17]，児童の椅子と机の高さ[18][19]，さらに，座位姿勢から心身の状態のアセスメント[20]が見られる。

　これまでの研究では，教室の授業では様々な学習場面がとられている中で，学習場面との関係で視線や姿勢を分析した研究は見当たらない。児童の注意行動の特徴を学習場面による違いとともに把握できれば，「教師の話を聴かない」「指示通りに行動しない」といった行動面の課題を学習場面によって改善でき，また，教師がデザインする自らの学習環境を省察する視点を得ら

れることとなる。そこで本研究では，入学間もない小学校１年生の教室授業における注意行動を視線と座位姿勢から明らかにするとともに，学習場面による注意行動の違いについて明らかにすることを目的とする。

２．方法

対象授業は，４月中旬に実施された小学校１年生児童33名（男子17名 女子16名）の算数の授業（単元：なかまあつめ）１時間である。「どちらがおおいかな」を学習課題とし，児童は教科書の動物や乗り物，植物等の中で2種類を選び出し，どちらが多いのかを調べた。

授業は，「個人活動」「先生の話」「ペア活動」「全体発表」「待つ」の学習形態で進められた（図１）。１段目が授業開始00:00から10:00までを表し，２段目以降も10分刻み（５段目は40:00から45:00の５分間）で学習形態を表している。「個人活動」は，教科書中の問題を算数ブロックの操作や教科書への書き込みをして取り組む学習形態である。「先生の話」は，教師が全体に指示や説明をする学習形態である。「ペア活動」は，隣や後ろの子と考えを共有，確認する学習形態である。なお，個人活動内のペア学習は，教師の指示ではなく，児童から一時的・部分的に生まれたものを指す。「全体発表」は，指名された児童が全体に考えを発表する学習形態である。「待つ」とは，課題や準備を終えた一部の子が他の児童を待っている状態である。

記録は，学習の妨げにならないことを考慮しながら，全児童の姿勢及び視線が同定できるように，教室前方左側上方からウェブカメラ１台（C922 Pro Stream Webcam, Logicool）で撮影した。映像

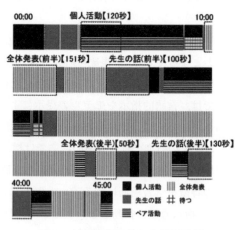

図１　対象授業の流れと学習形態

から，授業の学習場面毎に姿勢と視線を分析した。学習形態や時間帯による
児童の注意行動の違いを分析するために，教師から指示があり一定時間継続
した「個人活動」「先生の話」「全体発表」を授業前半（00:00 – 22:30）と後
半（22:31 – 45:00）で1場面ずつ分析場面として抽出した。各学習形態は1
時間中に複数見られたため，取り扱う学習場面を次の2点をもとに選定した。
1点目は，注意対象に向けた能動的行為として姿勢を評価できるように，場
面前や場面中に教師から姿勢に対する指導がないこと，2点目は，「先生の
話」「全体発表」では，児童の姿勢が評価しやすく，かつ発話者の話を聴く
だけでは理解しにくく視線を注意対象に向けることが必要となるよう，発話
者が前の黒板を使っていることである。場面を選定すると，授業後半の個人
活動は，開始直後に課題を達成した児童が10名程度確認され，個人活動とし
て成立していないと判断し分析から外したため，分析対象を計5場面とした。
なお，授業前半の個人活動は，大半の児童の課題への取り組みが確認できた
活動開始から2分間を対象とした（**図1の破線で囲まれた部分**）。

　姿勢については，記録から判断可能な背中・座る位置・身体の向きの3観
点，姿勢が崩れているとする基準となる行動を8項目から評価した（**表1**）[21][22]。
なお「前のめり」は，前傾した「低緊張」[23]が表れた状態とした。さらに，
姿勢の崩れの度合いも評価するために，児童が学習場面内で姿勢が崩れてい
る行動の8項目の内，生起した行動数を数えた。これは，生起した行動の種
類を表すために，一つの分析場面での行動の最大出現数は8個であった。評
価した8項目の内，「前のめりになっている」，「机とイスの間があきすぎ
（つまりすぎ）」，「イスに浅くかけている」，「イスの端に座っている」，「イス
の背もたれに座っている」の5項目は，場面内で大きな変化がなかったため，

表1　座位姿勢における姿勢の崩れの観点

（大対ほか 2006, p.32, 表1. より一部変更）

行動項目	姿勢が崩れているとする基準となる行動
背中(2)	ほおづえをついている／前のめりになっている
座る位置(4)	机とイスの間があきすぎ（つまりすぎ）／イスに浅くかけている イスの端に座っている／イスの背もたれに座っている
身体の向き(2)	胸が注意対象に向いていない／ふねこぎ[24]をしている

評価者は各場面に見られた姿勢から判断した。「ほおづえをついている」，「胸が注意対象に向いていない」，「ふねこぎをしている」の3項目は，時間内に変化する行動であったため，各場面のおよそ半分以上の時間で見られ，姿勢の特徴と判断した場合に，該当する行動が出現したと評価した。

　視線については，はじめに各学習場面における視線を向けるべき注意対象を定義した。個人活動では，教科書に載っている2つのものを比べる学習課題であったために，教科書や学習課題のために使用している算数ブロック，全体発表や先生の話では基本的に発話者や黒板を注意対象とした。その他に，個人活動中に教師が指示をした時や課題の途中にペア活動をしている時は，教師や周りの児童も注意対象とした。全体発表では，発表者に教師が途中で問いかける場面もあったため，教師やその発話に反応した児童も注意対象とした。先生の話では，場面中に特定の児童へ発話した時はその児童も注意対象とした。評価者は，映像から児童の視線が注意対象から逸れている時間を1人ずつ計測した。測定は評価者2名が行い，2名の一致率は姿勢が94.6％，視線が96.1％であった．姿勢は評価がずれていた時には合議で判断したもの，視線は2名の平均を結果とした。

　そこから各学習場面において，姿勢の崩れは評価観点数（8項目）で除し，視線の逸れは各学習場面の時間で除し，各児童の割合を求めた。また，児童の姿勢の崩れと視線の逸れの全体的特徴を見るために，姿勢は5つの学習場面の該当数を延べ40項目（5場面×8項目）で除して割合を求め，視線は5つの学習場面の合計551秒から視線が逸れた時間を除して割合を算出し，各児童の姿勢の崩れと視線の逸れる割合の関係をPearsonの相関係数で求めた。さらに，学習場面の違いを見るために，各学習場面の姿勢の崩れと視線の逸れの割合を角変換したのちに参加者内の一要因分散分析・多重比較（Holm法）によって分析した。分析には，いずれもjs-STAR[25]を用い，有意水準は5％未満とした。

　本研究では，第一著者の所属する大学の研究倫理審査委員会において承認（No.2017-1）を得た上で，文書にて当該小学校の管理職・担任教員の承諾を得て実施された。対象者及び保護者に対しては，担任教諭を通して事前に文

書にて行い同意を得た。

3. 結果及び考察

⑴ 姿勢の崩れと視線の逸れの関係

　各学習場面における，個人の姿勢と視線の測定結果を実際の席順で示したのが**図2**である。個人のマスを2列×5行に分け，姿勢を右列，視線を左列，5つの学習場面を授業開始に近い順に，下から個人活動・全体発表（前半）・先生の話（前半）・全体発表（後半）・先生の話（後半）とした。姿勢は，姿勢が崩れているとする行動の割合を5％刻みの10段階，最も高い割合は45％以上とした。1つの学習場面の姿勢の評価観点が8項目あるため，該当が1つであれば，姿勢の崩れた割合は12.5％となる。視線は，視線が逸れている割合を10％刻みの10段階で示し，最も高い割合は90％以上100％とした。全体発表場面における発表者（男児25と女児5）は測定から除外した（**図2**中斜線）。

　次に，**図3**は，全児童における5場面全体の姿勢の崩れと視線の逸れとの平均の関係を示したものである。その結果，Pearsonの相関係数が$r=0.414$（$p<0.01$）となり，中程度の相関であった。また，姿勢の崩れの割合が12.5％以下である児童は，全員が25％未満しか視線が逸れていなかった（図

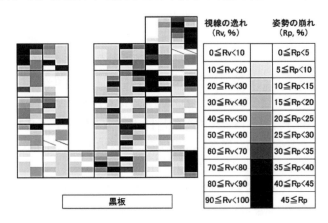

視線の逸れ （Rv, %）	姿勢の崩れ （Rp, %）
0≦Rv<10	0≦Rp<5
10≦Rv<20	5≦Rp<10
20≦Rv<30	10≦Rp<15
30≦Rv<40	15≦Rp<20
40≦Rv<50	20≦Rp<25
50≦Rv<60	25≦Rp<30
60≦Rv<70	30≦Rp<35
70≦Rv<80	35≦Rp<40
80≦Rv<90	40≦Rp<45
90≦Rv<100	45≦Rp

黒板

図2　各児童の学習場面別姿勢の崩れと視線が逸れた割合

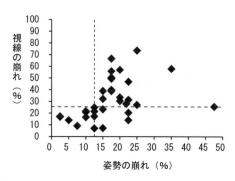

図3 各児童の姿勢の崩れと視線が逸れた割合の平均の関係

3の点線左下の部分）。一方で，姿勢の崩れの割合が12.5％よりも大きい児童を見てみると，視線が逸れた割合が25％を越える児童が多くなるとともに，ばらつきも大きくなっていた（**図3**の点線右上の部分）。

　このことから，姿勢がほとんど崩れていない児童は視線も逸れている割合が低いが，姿勢が大きく崩れている児童は視線も注意対象から大きく逸れているという，教室の授業における児童の姿勢と視線には一定の関係があることが示されたと言えよう。

⑵　児童の注意行動と学習場面の関係

　図4は，全体発表時に発表した男児25と女児5の2名を除く31名を対象とし，各学習場面の姿勢の崩れと視線が逸れた割合の平均と標準偏差を表している。さらに，割合を角変換したのちに参加者内の一要因分散分析で各学習場面を比較すると，姿勢では，学習場面間に有意差が認められ（$F=7.84$, $df=4, 30$, $p<0.01$），多重比較をすると【個人活動】が【全体発表（前半）】【先生の話（前半）】【全体発表（後半）】【先生の話（後半）】よりも有意に低い値を示した（$p<0.05$）。同様に，視線の参加者内の一要因分散分析でも，学習場面間に有意差が認められた（$F=7.48$, $df=4, 30$, $p<0.01$）。多重比較では【個人活動】が【全体発表（前半）】【先生の話（前半）】【先生の話（後半）】よりも有意に低い値を示し（$p<0.05$），【全体発表（後半）】が【先生の話（後半）】よりも有意に低い値を示した（$p<0.05$）。

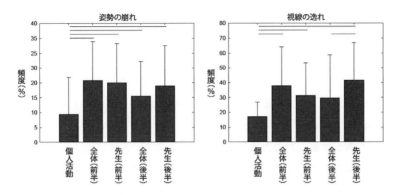

図４　学習場面間の姿勢の崩れと視線の逸れ（図中の───はp<0.05を表す）

　日常の一連の行為では，視線は手で操作する対象物にいち早く向けられ，実際に手で操作する間は対象物付近に停留するとされている[26]。本授業でも，教科書への書き込みやブロック操作は注視に繋がり，能動的注意が生まれたと考えられる。さらに，能動的注意に基づいた操作に向けた行為をとるために，身体はバランスを調整することとなる。つまり，具体的な行動や操作によって学習内容に関わる論理的思考や推論が可能になる発達段階[27]である小

学校１年生において，操作を伴って思考する学習場面が，児童の注意行動に対しても有効なことが定量的な分析から確認されたと言えよう。

　また，全体発表（後半）は個人活動との間に視線の逸れに有意差がなく，同じ時間帯の先生の話（後半）よりも視線の逸れで有意に低値を示している（**図４**）。さらに**図５**は，同じ学習形態の全体発表（前半）と全体発表（後半）

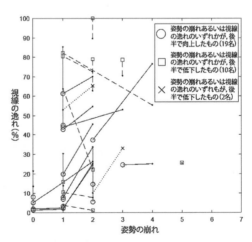

図５　全体発表（前半）と全体発表（後半）の姿勢の崩れと視線の逸れの変化

における31名の注意行動の変化である。横軸は姿勢が崩れているとする行動，縦軸が視線の逸れた割合である。図中の点は全体発表（前半），〇□×は全体発表（後半）の値である。〇は姿勢の崩れと視線の逸れのいずれかが全体発表（後半）で向上，かつ姿勢の崩れが低下していない児童19名であり，□はいずれかが低下した児童が10名，×はいずれもが低下した児童2名である。これらは，全体発表（後半）が授業の後半であるにもかかわらず，より児童の注意行動が生起したことを示している。

　教室全体で他者の話を聴く場面をみると，全体発表（前半）は，個人作業の大半の児童が課題への取り組みが確認できた活動開始から2分から約3分半経ち，一部の児童が「待つ」時間も生まれていた後の場面である（図1）。また，発表者の男児25の考え方が他の児童に伝達されており，発表中に男児25が黒板に描いたものに少し間違いがあることを教師に伝えた時には，教師が男児25に応答して問題が解決されている（表2）。一方で全体発表（後半）は，男児9の間違いをきっかけに女児5が対応する形で話が始まっている。さらに，男児9の間違いを発見した女児5の後に，教師は「気づいとった？」と全体に返している。男児9が発表した時点で教師は間違いの原因を理解していたと推測されるが，教師は男児9に直接働きかけ間違いの要因を気付かせるのではなく，女児5の発言を待ち，次にその指摘を他の児童に広げてから，女児5へ「どうしたらいいやろ？」と解決方法を訊き，場面が展開されている（表2）。

表2　全体発表（前半と後半）のエピソード

【全体発表（前半）：授業開始 0:09:39-0:12:09】
　個人活動を終え，先生が前に立ち，「色んなやり方やってましたね。ではどっちが多いか。どちらが多いですか？」と子どもたちに訊くと，「はい！」と19名の手が挙った。少し間をおいて「男児25さん」と先生が指名をして男児25が黒板の前に出てきて話を始める場面である。
　男児25は黒板に背を向けて真っすぐ立つと，「じょうろが多い」とみんなに向かって答えた。男児25の横にいた先生はすぐに「じょうろが多い。どうやって

やったの？」と尋ねると，男児25は先生にだけ聞こえるような声で自分の考えた方法を何か伝えた。その話を聴いた先生は，すぐ横の教卓に置いてあった黒のマジックペンを男児25に手渡した。マジックペンを受け取った男児25は女児13の正面の黒板に貼ってあった拡大された教科書のコピーにみんなに背を向けて書き込みを始めた。書き込みを始めると先生は黒板から離れ，一番後ろに歩きながら「そうだね〜。昨日言ったみたいに，男児25さんが何を描いているのかなって」と黒板に注目を向けるように全体に声をかけた。先生は一番後ろの席の男児17のすぐ後ろで男児25が描いている様子を見ている。男児25が約50秒かけてじょうろとくまを線でつなぎ終えると，終わったことを伝えようと振り向いた。先生が男児17の後ろから「男児25さん，それどうやって調べましたか？」と尋ねると，「線を引いて…」と答えた。先生が「線を引っ張って〜」と男児25の言葉を復唱しながら，次の言葉を促すように働きかけるが，男児25が少し困った様子を見せたので，先生は「やったんだね」と言って，黒板の方へ向かっていった。先生が黒板の近くまで来ると，男児25は黒板を指さし，描いたものに少し間違いがあることを先生に伝えた。先生が「あっ，これ間違っちゃったんやな」と安心させるようにやさしい口調で話し，続けて「線を引っ張って，で，どっちが余ったの？」と男児25に訊いた。男児25は，線でつながっていないじょうろに○をすると，先生が「余ったのは○するんだったね」「線を引っ張って，じょうろに○をする」と前時までに習った方法を確認するようにみんなにも聞こえる声で男児25に話した。そして，男児25は席まで戻っていった。

【全体発表（後半）：授業開始0:34:21-0:35:10】

　白い花と赤い花の数を比べる課題で，女児26と女児５は，ブロックを使って２つの花が同数であることを説明し，男児９が違うやり方として線で結ぶやり方を発表した。男児９は，口頭では数が同じと答えながら黒板で実際に結んでみると，白い花が１つ残ってしまった。なぜ１つ残ったのかについて，気が付いた女児５が話をしている場面である。

　「あっ」と女児５は席から立ちあがり，黒板を指さしながら後ろから２列目の席から黒板の方に小走りで向かってきた。「ここがさ〜」と既に指していた指を１つの白い花から出てしまっている２本の線に向けた。「おっ！」と先生が驚くような反応を見せ，「気づいとった？」と全体に投げかけた。続いて「どうしたらいいやろ？」と先生が問いかけると，女児５は「これをここに…」とぼそぼそと言いながら指で説明を始めた。先生が「じゃあやってみて」とマジックペ

ンを渡すと，２本出てしまっている白い花の線の１本を消し，１つ余っている白い花と赤い花を結ぶように線を描き直した。約20秒かけて書き終えると，先生が「そうすると，どちらが多くなった？」と女児５に訊くと，「一緒」と答えた。

　学習における他者との関わりには，発表者が既に分かっていることを発表や報告するという自己表出を特徴とする「話し合い」と，分からない子どもの分からなさを全体の中心に置き，他の子がその問いに対応し援助することで，両者に互恵的な学びが成立する関わりを指す「学び合い」があるとされる[28]。分かった状態と分からない状態を繰り返す対話は，理解の深化のためにも必要と指摘されている[29]。

　全体発表（後半）では，男児９の間違いを発見し，その説明をしたことで理解を深めた女児５と，女児５の説明で自分の間違いを理解できた男児９の互恵的な関係の生起が推測される。２人の互恵的な関係にとどまらず，発表の聴き手である他の児童が，言語を中心とした他の学習場面よりも注意行動が定位し続けたのは，既に分かっていることの確認が中心であった展開の中で，男児９が発した答えと黒板に記された図がずれているという外界の刺激が出現し，女児５がそのずれに対応して発言したこと，加えて教師によって他の児童にも共有されたことで，注意行動が他へ移動しなかったためと考えられる。

　したがって，単に時間や学習形態の違いが注意行動に影響するのではなく，互恵的な学びや理解の深化に必要な分からなさやつまずきを中心とした学習場面が，児童の注意行動にも有効であり，そのために教師は，正解へ導く役割ではなく問題を共有する役割，児童個々への指導ではなく注意対象を介して児童同士がかかわる指導が重要と考えられる。

４．結語

　本稿では，小学校１年生の学習時の注意行動の特徴を座位姿勢と視線の両側面から明らかにするとともに，学習場面による違いを検討することを目的とした。

　その結果，まず学習中の姿勢の崩れと視線の逸れの間に相関関係が見られた。また，姿勢や視線などへの直接的な介入がなくとも，教師が発表者の発言に適切に対応し学習場面に介入することによって児童の注意行動に差が見られた。このことは，注意行動の改善に向けて，行動そのものに直接介入するのではなく，注意対象へ引き込まれる場面の設定によって児童の注意行動が引き出され，さらに継続することで行動面の課題が改善されうる可能性を示唆する。同時に，この結果は児童の注意行動を通して，自身の授業が対象（学習内容）について児童が思考し続けられる学習環境であるかを評価できるものである。

　本研究では，注意行動が行為として表れる視線と姿勢から分析を進めたが，児童の注意の内容や学習内容の認知的側面について測定できているわけではない。今後の課題として詳細な研究を進めたい。

[キーワード]

　小学校低学年 (lower grades of elementary school)，視線 (gaze direction)，座位姿勢 (sitting posture)，学習場面 (learning scene)

〈注〉

⑴　東京都教育委員会『小1問題・中1ギャップの予防・解決のための「教員加配に関わる効果検証」に関する調査の結果について』2012
http://www.mext.go.jp/b_menu/shingi/chousa/shotou/084/shiryo/__icsFiles/afieldfile/2012/08/09/1323488_5.pdf（参照日 2019.6.3）。

⑵　一前春子「保幼小連携研究の動向：取り組みの効果と移行期に育つ力の認識」『共立女子短期大学文科紀要』59，2016，15-25頁。

⑶　Cohen, S.；長野敬・長畑正道・今野義孝『自閉症とマインド・ブラインドネス』青土社，1997。

⑷　Land, M., Mennie, N,. & Rusted, J. The roles of vision and eye movements in the control of activities of daily living. *Perception*, 28, 1999, 1311-1328.

⑸　Pelz, J. B. & Canosa, R. Oculomotor behavior and perceptual strategies in complex tasks, *Vision Research*, 41, 2001, 3587-3596.

⑹　平山高嗣「人間の内部状態を顕在化する視覚的インタラクション」『電子情報

通信学会技術研究報告』113（197），2013，173-180頁。

⑺　Murphy, S., Buckle, P., & Stubbs, D. A cross-sectional study of self-reported back and neck pain among English schoolchildren and associated physical and psychological risk factors. *Applied Ergonomics,*, 38, 2007, 797-804.

⑻　Wingrat, J. K. & Exner, C. E.（2005）The impact of school furniture on fourth grade children's on-task and sitting behavior in the classroom: A pilot study. *Work*, 25, 263-272.

⑼　佐々木正人「3章 姿勢が変わるとき」佐伯胖・佐々木正人編『アクティブ・マインド：人間は動きのなかで考える』東京大学出版会，1990，87-109頁。

⑽　Gibson, J. J.；吉崎敬・吉崎愛子・辻敬一郎・村瀬旻『生態学的視覚論：ヒトの知覚世界を探る』サイエンス社，1985。

⑾　Lee, D. N. & Aronson, E. Visual proprioceptive control of standing in human infants. *Perception & Psychophysics*, 15, 1974, 529-532.

⑿　宮本英美・小池琢也・佐々木正人・冨田昌夫・玉垣努ほか「頚髄損傷者の日常動作獲得における『同時的姿勢』の発達：靴下履きの縦断的観察」『東京大学大学院教育学研究科紀要』39，1999，365-381頁。

⒀　森本信也・瀧口亮子・八嶋真理子「『対話』としての学習を志向した理科授業の事例的研究：小学校6年『燃焼』を通して」『理科教育学研究』40(1)，1999，45-56頁。

⒁　中村駿・浅田匡「写真スライド法による教師の授業認知に関する研究」『日本教育工学会論文誌』40(4)，2017，241-251頁。

⒂　下地芳文・吉崎静夫「授業過程における教師の生徒理解に関する研究」『日本教育工学雑誌』14(1)，1999，43-53頁。

⒃　伊藤崇・関根和生「小学校の一斉授業における教師と児童の視線配布行動」『社会言語科学』14(1)，2011，141-153頁。

⒄　大対香奈子・野田航・横山晃子・松見淳子「小学1年生児童に対する学習時の姿勢改善のための介入パッケージの効果：学級単位での行動的アプローチの応用」『行動分析学研究』20(1)，2006，28-39頁。

⒅　Samuel, A., Joel, M., & Andris, F. The ergonomic design of classroom furniture/computer work station for first graders in the elementary school. *International Journal of Industrial Ergonomics*, 40, 2010, 437-447.

⒆　五十嵐剛・辛島千恵子「ある通常学級における机・椅子の適合度は机上課題・筆圧・座位姿勢に影響を与えるか？」『作業療法』32(4)，2013，325-334頁。

⒇　中尾繁樹「通常学級におけるインフォーマルアセスメントの有効性に関する考察2－描画と姿勢の観察から－」『関西国際大学研究紀要』12，2011，13-24

頁。

⑵ Whitman, T. L., Scibak, J. W., Butler, K. M., Richter, R. & Johnson, M. R. Improving classroom behavior in mentally retarded children through correspondence training. *Journal of Applied Behavior Analysis*, 15, 1982, 545-564.

⑵ 前掲書⒅

⑵ 前掲書⑵

⑵ イスの前脚を持ち上げ，前後に揺れながらバランスをとって座る行動を指す。

⑵ 中野博幸・田中敏『フリーソフトjs-STARで簡単統計データ分析』技術評論社，2012。

⑵ 前掲書⑸

⑵ 森岡周『発達を学ぶ：人間発達学レクチャー』協同医書出版社，2015，78-116頁。

⑵ 佐藤学『学校を改革する：学びの共同体の構想と実践』岩波ブックレット，2012，29-34頁。

⑵ 益川弘如，河崎美保，白水始「建設的相互作用経験の蓄積が協調的問題解決能力の育成につながるか：縦断的な発話データを用いた能力発揮場面の分析」『認知科学』23⑶，2016，237-254頁。

指導主事の役割認識と現状認識との関係
―A県における指導主事への認識調査を踏まえて―

岩手大学　**鈴木久米男**

Ⅰ　はじめに

　本研究の目的は，指導主事の職務に対する役割認識とそれらの役割に対する自己の到達状況としての現状認識との関係を把握することにより，指導主事の職務遂行における現状と課題を明らかにすることである。そのために，指導主事を対象に調査を実施し，その結果に基づいて，役割認識と現状認識との関係を勤務する機関の違いを踏まえて考察していく。これらの検証結果に基づいて，指導主事としての資質向上の在り方を検討するための手立てを示していく。

　本研究主題を設定した理由として，学校の教育活動の質的向上を図る上で指導主事が果たす役割が重要であることを踏まえ，指導主事の役割やそれらの役割に対する自己の到達状況を明らかにする必要があると考えたことがある。指導主事の資質向上のためには，指導主事としての自己の職務上の役割や到達状況を把握し，資質向上の機会として研修を位置づけることが求められる。さらに，指導主事としての職能成長を踏まえた資質向上の在り方についても，明らかにしていく必要がある。その際，指導主事の職能成長において，勤務する機関の違いにより果たすべき役割や自己の認識等がどのように異なっているのかを明らかにする必要がある。このことにより，指導主事が果たすべき役割と求められる資質との関連性を明らかにすることができると考える。

　これらの課題を踏まえて，これまでの先行研究を，指導主事の職務実態や

勤務する機関における職務内容の実態の2つの観点からみていく。

はじめは，指導主事の職務実態に関する先行研究である。押田（2008）は，指導主事の職務内容を，指導助言とともに指導行政に関する事務を含む専門的関わりや報告・連絡・相談等の6項目とした。また，佐々木（2011）は，地方教育行政における組織運営の実態として，指導主事の職務内容を明らかにした。その中で，指導主事の職務内容として，教科・教科外に関する指導とともに，国や都道府県の方針の学校への伝達，さらに市町村の方針の策定等の7つとした。また，生田・後藤・吉村・宮里（2014）は，学力向上における指導主事の役割を考察している。このことに関する課題として，県レベルの課題を教育事務所や市町村教育委員会，学校等へ伝える情報流通及びそれを主導する指導主事の育成の在り方を指摘した。

以上のように，指導主事の職務実態を明らかにするための研究が行われてきた。しかし，指導主事の職務に対する意識や自己の到達状況としての現状認識について，勤務する機関と関連づけて報告している例は少ない。

第二は，指導主事の勤務機関と職務内容の関連性に関する研究である。老山（1996）は，指導主事の職務の実態に関して，勤務している機関による職務内容の違いや職務の実態を明らかにした。また，阿内・押田・小野（2014）は，指導主事の職務状況に関して，教育事務所の実態を明らかにしている。さらに，光島（2014）は，教育事務所の指導主事の役割を学校訪問に焦点をあてて考察した。その中で教育事務所指導主事の役割として，学校訪問における教育力向上への対応や教育課題への対応，そして地方分権化への対応をあげている。加えて，有限責任監査法人トーマツ（2014）は，指導主事の理想の業務割合と業務実態に関する実態調査を実施した。その中で，教育長や指導課長と指導主事との認識のズレを明らかにした。同様に北島・阪根（2018）は，県や市町村等の教育委員会の体制及び担当業務の実態調査を行い，指導主事が配置されていない市町村教育委員会の存在や指導主事が果たす役割の重要性等を指摘した。そして，鈴木・菊池・遠藤・多田・小岩・髙橋・佐野（2019）は，A県指導主事を対象に勤務実態や役割認識に関する調査を実施し，役割認識と自己の到達状況として現状認識の実態を明らかにし

た。

　以上のように，指導主事の業務内容や役割，さらに指導主事自身の到達状況への認識の実態等が明らかにされてきた。しかし，それらについて指導主事が勤務する組織を横断的に検証した例はあまりみられない。

　これまで取り組まれてきた先行研究により，職務実態や勤務する機関による役割及び研修の位置づけが明らかにされてきた。しかし，指導主事が勤務する市町村教育委員会や教育事務所等，機関を横断的に検討した研究はあまりみられない。このことを踏まえて，本研究では指導主事への調査を実施し，指導主事が勤務する機関の違いを踏まえた，役割認識と現状認識の実態を把握する。さらに，調査結果を踏まえ，役割認識と現状認識との関連性を検討する。このことを踏まえ，指導主事の現状と課題を把握することにより，資質向上としての研修の在り方を探ることとした。

Ⅱ　指導主事の役割及び現状認識調査の概要

　A県指導主事に対して，指導主事の業務としての役割認識と自己の達成状況としての現状認識等の調査を行った。調査の概要は次のとおりである。

　指導主事の役割及び現状認識については，鈴木・菊池 他（2019）が質問紙調査を行い分析結果の概要を報告している。本報告ではそれらの報告を参考にするとともに，調査データの一部を用いて分析を行った。調査項目は，佐々木（2011）や有限責任監査法人トーマツ（2014）等が実施した調査を踏まえて，調査項目が作成されている。具体的な調査項目としては，指導主事の配置及び勤務経験の実態や果たすべき役割に関する認識，さらに職務遂行の状況，研修への参加の実態及び研修希望への認識であった。これらの調査項目により指導主事の役割を網羅的に把握することが意図されていた。

　また，本研究における調査対象は，A県教育委員会及び市町村教育委員会の全指導主事である。A県はすべての市町村に一人以上の指導主事を配置しており，学校の教育活動の支援にあたっている。さらに小規模町村に配置されている指導主事は少人数であり，教科指導や生徒指導，学校経営支援等業務内容は多岐にわたる。このことから，所属する県教育委員会や教育事務所

等規模が大きくなる程，業務内容はより専門化
していく。

　調査は，A県で年2回行われている県内の全
指導主事を対象とした会議において行われた。
調査は平成31年1月18日に実施された。調査対
象とした人数は，当日参加した152名の指導主
事であり，全員から調査紙が回収された（**表1
参照**）。なお，指導主事の役割認識及び自己の到達状況の現状認識に関する
調査は，6件法とし，「強く，そう思う」を6，「強く，そう思わない」を1
などとして，分析を行った（**巻末資料参照**）。

表1　機関ごとの調査人数

機関名	人数
県教委	20
教育事務所	31
市町村教委	73
県総合教育セ	28
合計	152

Ⅲ　指導主事としての役割及び現状認識の実態

　指導主事に対する調査結果に基づいて，役割認識及び現状認識の実態を把
握するとともに，機関による多重比較を行うことにより認識の違いを把握し
た。

1　機関による役割認識の違い

　指導主事の役割認識の実態を，勤務する機関の違いを踏まえて分析した。
結果の分析では，機関ごとに平均値を求め，さらに分散分析を実施した。ま
た，分散分析において有意差がみられた調査項目については，Holm法によ
る多重比較を実施した。分析結果は**表2**に示したとおりである。なお，本論
での統計分析は清水（2016）によるHADを用いた。

　はじめに，指導主事の役割認識について全体的な傾向をみていく。指導主
事の役割認識において全体の平均値がもっとも高かった調査項目は，「教科・
領域」及び「研修企画・運営」であった。それに，「今日的課題」「地域学校
の現状」が続いた。逆にもっとも低かった調査項目は，「キャリア教育」，次
が「学校経営支援」であった。

　指導主事の勤務機関の違いによる分散分析の結果として，1％の危険率で
有意であった調査項目は，「教科・領域：F（3，144）=4.608，p< .004，η^2

表2　機関による役割認識の実態

No	項目	役割認識の平均値					分散分析の結果		
		県教委	事務所	市町村	教育セ	全体	F値	p値	多重比較の結果（Holm法）
1	教科・領域	5.105	5.833	5.577	4.964	5.450	4.608	.004**	セ<<事，セ<市
7	研修企画・運営	5.421	5.600	5.310	5.643	5.450	1.715	.167	
6	今日的課題	5.684	5.267	5.169	5.071	5.235	2.233	.087	
9	地域学校の現状	5.474	5.167	5.465	4.500	5.228	8.959	.000**	セ<<県，セ<事，セ<<市
10	教育施策の立案	5.368	5.100	5.141	4.464	5.040	4.032	.009**	セ<県，セ<<市
8	自己研修	4.947	4.800	4.930	4.786	4.872	0.131	.942	
3	生徒指導	4.053	4.967	5.338	3.929	4.826	13.303	.000**	県<事，県<<市，セ<<事，セ<<市
4	特別支援教育	3.474	4.833	5.183	3.821	4.638	13.354	.000**	県<<事，県<<市，セ<<事，セ<<市
5	学校経営支援	4.211	4.033	4.549	4.071	4.309	1.959	.123	
2	キャリア教育	3.632	4.267	4.451	3.893	4.215	3.234	.024*	県<市

※1　p値の表記　**：$p < .01$，*：$p < .05$
※2　多重比較における表記　県→県教育委員会，事→教育事務所，市→市町村教委，セ→県総合教育センター

= .088 以下省略」「地域学校の現状」「教育施策の立案」「生徒指導」及び「特別支援教育」の5項目であり，5％の危険率で有意な項目は，「キャリア教育」となった。それ以外の項目は，有意ではなかった。

　次に多重比較の結果をF値の大きさを踏まえて検討していく。F値がほぼ同様であった調査項目の「特別支援教育」と「生徒指導」の平均値については，市町村教育委員会や教育事務所が県総合教育センター（以降，教育センターと記載）や県教育委員会より有意に高くなった。また，「地域学校の現状」については，教育センターの平均値が，他機関より有意に低かった。同様の傾向は，「教科・領域」や「教育施策の立案」においてもみられた。さらに，「キャリア教育」の平均値については，市町村教育委員会が，県教育委員会より有意に高かった。

　これらの結果から，指導主事の役割認識について機関ごとの平均値を較べると，市町村教育委員会の指導主事が，「特別支援教育」や「生徒指導」「地域学校の現状」等6項目で有意に高くなった。市町村教育委員会の指導主事

の勤務実態として，市町村の実態を踏まえ，学校と直接的に関わっている。このことから，学校への指導業務における教科・領域の指導にとどまらず，特別支援教育や生徒指導，地域の現状の把握等多様な対応が求められており，指導主事自身も自己の役割認識として，そのことを自覚していると考えられる。さらに，教育事務所の指導主事も，市町村教育委員会の指導主事と似た傾向を示した。加えて，県教育委員会の指導主事は「教育施策の立案」や「地域学校の現状」，教育センター指導主事は「研修企画・運営」の役割認識が高い傾向がみられ，担当する職務内容が明確化されていることが明らかになった。

　以上のように指導主事の役割認識において，市町村教育委員会が学校への支援や教育行政に関する項目が有意に高くなっていた。さらに教育事務所も同様の傾向がみられた。一方，県教育委員会では「今日的課題」が，また教育センターでは「研修企画・運営」などへの評価の平均値が高くなり，指導主事としての職務内容の専門化がみられることが分かった。

2　機関による現状認識の違い

　次に，指導主事のそれぞれの役割における自己の到達状況に対する現状認識の実態を，勤務する機関の違いを踏まえて分析した。分析方法は前節と同様で，結果を**表3**に示した。

　はじめは，全体の平均値の比較である。指導主事の現状認識において，全体の平均値がもっとも高かった調査項目は，「研修企画・運営」であり，唯一全体の平均値が4.0を上回った。続いて，「教科・領域」，さらに，「生徒指導」や「地域学校の現状」が続いた。逆に，もっとも低かった調査項目は，「学校経営支援」であった。

　これらの結果から，指導主事の自己の状況に関する現状認識について，所属する機関ごとの平均値により分散分析を実施した。分析の結果として，5％の危険率で有意であった調査項目は，F値の大きさを踏まえて示すと，「地域学校の現状：$F(3, 144) = 3.791$，$p < .012$，$\eta^2 = .073$ 以下省略」及び「生徒指導」「教育施策の立案」の3項目であった。それ以外の調査項目

表3　機関による現状認識の実態

No	項目	現状認識の平均値					分散分析の結果		
		県教委	事務所	市町村	教育セ	全体	F値	p値	多重比較の結果(Holm法)
7	研修企画・運営	4.158	4.367	4.028	4.321	4.166	1.695	.171	
1	教科・領域	4.105	4.233	3.831	3.929	3.967	1.578	.197	
3	生徒指導	3.789	3.667	3.746	3.107	3.609	3.313	.022*	セ<市
9	地域学校の現状	3.842	3.567	3.718	3.107	3.583	3.791	.012*	セ<県，セ<市
6	今日的課題	4.000	3.400	3.437	3.643	3.543	2.139	.098	
8	自己研修	3.842	3.700	3.282	3.821	3.543	2.650	.051	
10	教育施策の立案	4.105	3.667	3.408	3.214	3.523	3.110	.028*	セ<県
4	特別支援教育	2.947	3.200	3.479	3.000	3.252	2.157	.096	
2	キャリア教育	3.211	3.167	3.042	3.250	3.113	0.362	.780	
5	学校経営支援	3.105	2.867	3.070	3.000	3.040	0.345	.793	

※1　p値の表記　**：$p < .01$，*：$p < .05$
※2　多重比較における表記　県→県教育委員会，事→教育事務所，市→市町村教委，セ→県総合
　　教育センター

については，平均値の差は有意ではなかった。

　さらに分散分析で有意であった項目について多重比較を行い，その結果をみていく。調査項目である「地域学校の現状」については，教育センター指導主事の平均値が県教育委員会及び市町村教育委員会の平均値より，有意に小さくなった。また「生徒指導」については，市町村教育委員会指導主事の方がセンター指導主事より有意に高くなった。同様に「教育施策の立案」については，教育センターよりも県教育委員会が有意に高くなった。

　これらの結果から，指導主事の自己の状況に関する現状認識については，少数の項目で有意差がみられるものの，全体的には機関ごとの差が少ないことが分かった。

　以上のように，指導主事の役割認識と現状認識について，機関によりどのような差があるのかをみてきた。その結果，役割認識については機関により顕著な差がみられるものの，現状認識について有意な差がみられる項目は限定的であった。このことから，役割認識と現状認識について，傾向の違いが明らかになった。

Ⅳ　役割と現状認識の関連性の検討

　調査結果を基に，機関ごとの平均値を求め，役割認識を横軸に，現状認識を縦軸にマッピングし関連性を検討した。

　図1は，各調査項目の役割及び現状認識について，指導主事が勤務する機関ごとに平均値を求め，横軸に役割認識，縦軸に現状認識としてそれぞれをマッピングした。相互の配置状況を認識しやすくするために，横軸である役割認識は3.0から6.0の間とし，縦軸の現状認識は，2.7から4.4までの範囲に限定してマッピングした。さらに，図中の縦太線は，役割認識の全体の平均値を示し，同様に横太線は現状認識の全体の平均値を示している。また，**図1**の破線は，傾きが－1の直線であり，マップ上の分布をおおよそ1/3に区分する位置に引いてある。

　図1によると，役割及び現状認識の関係については，前章で検討したように役割認識の方が評価値が高くなっており，**図1**でもそのことが示されてい

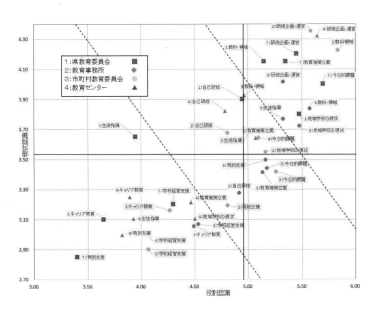

図1　役割と現状認識の機関による実態のマッピング

る。次に，各機関とそれぞれの項目の関係をみていく。大きくは，役割や現状認識がともに上位の群，中位の群，下位の群の3群に区分できる。上位群には教育事務所や教育センターの「研修企画・運営」や教育事務所の「教科・領域」等12項目がマッピングされた。中位群には，教育センターの「教科・領域」や県教育委員会の「自己研修」等14項目がマッピングされた。下位群には，県教育委員会の「特別支援教育」や教育事務所の「学校経営支援」等14項目がマッピングされた。

　さらに，マッピングの順序性を明確にするために，各機関の役割及び現状認識の平均値の積を求めると，約25から10の範囲に分布した。その際，役割及び現状認識の和ではなく積を求めたのは，マッピング上の配置において，右上から左下の順序性と対応させたためである。このことを踏まえ，役割と現状認識の積の大小で並び替えを行い，上位群を12項目，中位群を14項目，下位群を14項目として一覧にしたのが**表4**である。指導主事の役割認識と現状認識の総合力が高かったのは，教育事務所の「教科・領域」と「研修企画・運営」，さらに教育センターの「研修企画・運営」の3項目であり，その値も抜きん出ていた。教育事務所の指導主事は，研修を担当するとともに市町村教育委員会の指導主事と活動することもあり，状況によっては直接学校に関わる場合がある。さらに，キャリアとして市町村教育委員会を経て教育事務所に勤務する場合も多いとの指摘がある（鈴木・菊池 他　2019）。そのことが役割認識とともに，現状認識の高さに結びついているものと考えられる。また，教育センター指導主事は，「研修企画・運営」の総合力の値が高くなり，役割認識としてのセンターの中心業務である研修とともに，業務をとおした経験が現状認識の高まりに結びついているものと考えられる。加えて，県教育委員会は，「研修企画・運営」や「今日的課題」等の5項目が上位群に位置している一方，「キャリア教育」や「特別支援教育」が下位群にあり，学校への指導よりは教育行政に業務がシフトしている状況がみられる。加えて市町村教育委員会は，多くの項目が中位群に位置する傾向がみられ，各業務に対してまんべんなく取り組んでいる実態が明らかになった。

　以上から指導主事の役割認識及び現状認識の総合力が高いのが，「教科・

表4　機関による役割及び現状認識の実態の分布

機関名 / 群積	上位群 25　23　20			中位群 18　15		下位群 13　10	
県教育委員会		研修企画・運営 今日的課題 教育施策 教科・領域 地域現状	自己研修			生徒指導 学校経営支援 キャリア教育 特別支援	
教育事務所	教科・領域 研修企画・運営			教育施策 生徒指導 地域現状 今日的課題 自己研修 特別支援		キャリア教育 学校経営支援	
市町村教育委員会		研修企画・運営 教科・領域 地域現状 生徒指導	特別支援 今日的課題 教育施策 自己研修			学校経営支援 キャリア教育	
県総合教育センター	研修企画・運営			教科・領域 今日的課題 自己研修		教育施策 地域現状 キャリア教育 学校経営支援 生徒指導 特別支援	

領域」における教育事務所であり，「研修企画・運営」については，教育事務所及び教育センターであった。また，下位群には，「キャリア教育」や「学校経営支援」が位置する等の特徴がみられた。

　これらの結果から，指導主事の機関による役割認識や現状認識の関係性について考察すると，県教育委員会の役割認識については，職務内容の重点化とともに，自己評価が高く総合力についても高いレベルにある。教育事務所や市町村教育委員会では，役割認識及び現状認識から，各項目についてまんべんなく対応している多様化の傾向がみられたが，認識の差も顕著であった。教育センターの指導主事の役割認識については，専門性が顕著であり，現状認識についても同様のことが指摘できる。このように，指導主事が勤務する機関により役割認識及び現状認識に特徴がみられた。

Ⅴ　おわりに

　本章では，指導主事の役割認識と現状認識の調査結果の分析に基づいた本

研究のまとめ及び今後の課題の提示等を行う。

　本研究のまとめの第一は，指導主事の役割認識と現状認識の機関による認識の違いである。分析の結果，役割認識については機関により顕著な差がみられるものの，現状認識について有意な差がみられる項目は限定的であった。このことから，指導主事が勤務する機関による役割認識には違いがあるが，自己の達成状況としての現状認識には差があまりみられないことが明らかになる等，認識傾向の違いがみられた。

　第二は，指導主事の教育機関による役割認識や現状認識の項目間の関係である。県教育委員会に勤務する指導主事の役割認識については，項目による重点化がみられるとともに，自己評価が高く，総合力についても高いレベルにあった。また，教育事務所や市町村教育委員会は，役割認識及び現状認識から，それぞれの課題にまんべんなく対応しているという傾向がみられた。さらに，教育センターの役割認識としては，専門性が強い状況にあり現状認識についても同様のことが指摘できた。このように，指導主事の勤務する機関により役割認識について専門化と総合化の特徴がみられた。

　次に本研究の結論として，次の2点があげられる。その第一は，指導主事の役割認識及び現状認識の実態による結論である。指導主事として，市町村教育委員会や教育センターから教育事務所，そして県教育委員会と勤務機関が変わることによって，明確に役割認識が変化していた。さらに指導主事としての職務内容は専門職化していた。しかし，現状認識については，機関による違いは少なかった。このことから，指導主事として，教科・領域や生徒指導などの指導・支援から，機関が変わることによる地域の現状把握，教育施策などに関する資質を高める必要がある。加えて，指導主事としての職能成長を踏まえた研修体系の確立及び研修機会の確保が求められるといえる。さらに，指導主事の各機関への採用においては，本人の資質能力とともに職務経験や研修履歴を参考にする等の一定のルールの確立が求められると考える。

　第二は役割認識及び現状認識を構成している各項目との関わりからの結論である。分析結果から，指導主事が勤務する機関による役割認識は，県教育

委員会や教育センターのように専門化する場合と，市町村教育委員会や教育事務所のように多様化する場合があるなどの特徴がみられた。このことから，指導主事に対する研修は各機関の専門性を向上させるような内容，方法を検討する必要があるといえる。具体的には市町村の指導主事を対象とした研修は，専門を絞ることなくより広範囲の内容を含んだものとすべきである。一方，それ以外の機関においては，指導主事として担当する職務内容を踏まえたより専門性を高めるような研修が求められる。このことから，指導主事に対して機関に応じた研修内容や方法の検討が必要である。以上の2点が本研究の結論である。

これまで検討してきた本研究の対象は，A県という限定されたものであった。そのような制約の中での研究ではあるが，指導主事の職務内容に対する役割認識及び自己の資質の到達状況としての現状認識の実態の一部を明らかにできたと考えている。全国的な動きとして，各市町村教育委員会への指導主事の配置が求められている。A県ではすでに，全市町村教育委員会において指導主事の配置を実現している。さらに，本研究から小規模教育委員会での指導主事のOJTの機会の欠如等の課題が明らかになっている。このことへの対応として，市町村教育委員会相互が連携して，指導主事の自主的な研修を実践している事例もみられた。これらのことから，A県の実態や課題は，今後の全国での全市町村教育委員会への配置に関する現状把握について，参考になると考えている。

しかし，本研究の課題として，調査対象がA県のみであったことがある。今後はA県のみではなく，さらに調査対象を増やすことにより一般化が図られるものと考える。加えて，今後の研究として，指導主事の職能成長と研修内容の関わりを明らかにしていきたい。

[キーワード]

指導主事（Teacher Supervisor），指導主事の職務（Duties of Teacher Supervisor），役割認識（Consciousness of Their Role），現状認識（Consciousness of Their Capability）

【引用・参考文献】

阿内春生，押田貴久，小野まどか，2014，「行財政改革・分権改革下の地方教育事務所の役割：人事行政と指導行政における役割変化に焦点を当てて」『福島大学総合教育研究センター紀要』第17号，1-8頁

生田孝至，後藤忠彦，吉村希至，宮里祐光，2014，「学力の向上と県教育委員会の指導主事の指導力と教育実践の基礎研究—指導主事の指導力を高めるにはどうすればよいか—」『岐阜女子大学文化情報研究』第16-3号，19-28頁

押田貴久，2008，「指導主事の職務に関する研究：指導主事の職務観と小規模教育委員会における職務実態の分析をもとに」『東京大学大学院教育学研究科教育行政学論叢』第27号，53-67頁

北島孝昭，阪根健二，2018，「市町村教育委員会の指導行政について：徳島県内の市町村教育委員会への質問紙調査より」『鳴門教育大学学校教育研究紀要』第32号，27-35頁

佐々木幸寿，2011，「地方教育行政組織における組織運営：指導主事の機能と教育委員会事務局の組織条件」『日本教育政策学会年報』第18号，122-135頁

清水裕士，2016，「フリーの統計分析ソフトHAD：機能の紹介と統計学習・教育，研究実践における利用方法の提案」『メディア・情報・コミュニケーション研究』第1号，59-73頁

鈴木久米男，菊池一章，遠藤孝夫，多田英史，小岩和彦，髙橋和夫，佐野理，2019，「指導主事の職務及び研修意識の実態把握による資質向上の手がかり—A県指導主事への調査の結果を踏まえて—」『岩手大学大学院教育学研究科研究年報』第3号，37-50頁

光島正豪，2014，「教育事務所の現状と今後の展望—学校訪問における指導主事の役割を中心に—」『学校教育学研究（兵庫教育大学）』第26号，95-102頁

有限責任監査法人トーマツ，2014，「学校の総合マネジメント力の強化に関する調査研究」文部科学省平成25年度学校の総合マネジメント力の強化に関する調査研究，http://www.mext.go.jp/component/a_menu/education/detail/__icsFiles/afieldfile/2014/11/21/1342944_2.pdf（2018年12月閲覧）

老山由美，1996，「指導行政機能と指導主事の職務に関する一考察」『日本教育行政学会年報』第22号，59-70頁

資料「役割認識に関する調査項目一覧」

(5) 現在の勤務機関において、指導主事としてご自身に求められている役割の程度について、次の項目ごとにお伺いします。

		求められている役割の程度					
		強く、 そう思う	かなり、 そう思う	やや、 そう思う	やや、そ う思わない	かなり、そ う思わない	強く、そ う思わない
1	教科・領域の指導に関すること	○	○	○	○	○	○
2	キャリア教育に関すること	○	○	○	○	○	○
3	生徒指導に関すること	○	○	○	○	○	○
4	特別支援教育に関すること	○	○	○	○	○	○
5	学校経営に関すること	○	○	○	○	○	○
6	今日的課題への対応に関すること	○	○	○	○	○	○
7	研修会等の企画・運営に関すること	○	○	○	○	○	○
8	指導主事の自己研修に関すること	○	○	○	○	○	○
9	地域や学校等の現状や課題の把握に関すること	○	○	○	○	○	○
10	教育施策や計画の作成に関すること	○	○	○	○	○	○

第3部

実践的研究論文

1. 児童の音楽表現を育成するための聴くことに重点を置いた学習指導方法の提案に関する実践的研究
　　——小学3年生音楽科歌唱分野の授業実践を基に

児童の音楽表現を育成するための聴くことに重点を置いた学習指導方法の提案に関する実践的研究
——小学3年生音楽科歌唱分野の授業実践を基に

長崎市立村松小学校 **松本 萌子**
東京学芸大学 **梶井 芳明**

1. 背景と目的

1.1 背景

　澤田（1998, 329頁）は，「『音を聴く』行為は，表現に必須の行為であり，しかもそれ自体きわめて創造的な行為であるといえる。」と述べている。さらに，立本（2011, 114頁）が「音を通しての創造性を考える時，まずは『聴くこと』を大切にしたい。」と，阪井（2011, 70頁）が「私たちは歌ったり楽器を奏でたり，ましてや何かアンサンブルをしたりする時には，自分の出す音はもちろん，他の人の音，副次的な旋律，伴奏，各声部の動き，全体の響きなどをよく聴く，という行為が必須であることを熟知している。」と，小野（2006, 125頁）が，「音楽教育の基盤には，まず，『聴く』こと，次に『歌う』ことがおかれることになる。」と述べる等，表現するためには，音を聴く行為が必須となることが指摘されている。さらに，文部科学省（2018a, 63頁）では，「互いの歌声を聴き合い，自分の歌声と友達の歌声を調和させるとともに，伴奏の響きや副次的な旋律の響きを聴きながら，適切な歌声で歌うことができるよう指導を工夫することが重要である。」と述べられている。この「互いの歌声を聴き合い」という文言は，平成20年版の小学校学習指導要領解説音楽編にはなかったものである。つまり，学習指導要領の改訂に伴い，鑑賞領域に限らず，表現領域においても「聴く」ことが重要視されることとなった。

　表現のために聴くことに重点を置いた学習指導を行うにあたり，本研究では第一に，聴き合いながら歌うことに慣れ親しむ必要があることから，技能の指導及び授業づくりを踏まえたエクササイズについて検証を行う。具体的には，技能の指導において，児童が表したい思いや意図を尊重し引き出すことを前提として，それを実現するために技能を習得する必要があると児童自らが実感できるような授業づくりが求められる。また，授業づくりにおいては，学習過程のどの場面でどのような技能を習得できるようにするのかについて，学習活動やエクササイズの構想をはじめ，意図的・計画的な指導が求められる。そこで本研究では，寺尾（2017）の「聴きながら歌い，歌いながら聴く」力を育む練習課題を参考に，聴き合いながら歌うことに慣れ親しむための学習活動として，エクササイズを取り入れた授業実践を基に，聴き合いながら歌う力の育成について検討することとする。その際には，対象となる小学3年生の取り組みやすさを考慮して，全員で同じ旋律を歌ったり，同一音型を繰り返したりするなどの比較的単純な技法を取り入れたエクササイズを行う。第二に，児童自身に聴く力の変容について実感をもたせる必要があることから，児童の自覚的な学びを促す振り返りについて検証を行う。具体的には，国立教育政策研究所が，「豊富な学習経験を基に，記録も用いて，仲間とともに，意図的に学び方を振り返る機会が必要」（国立教育政策研究所　2016，202頁）であると指摘しているように，振り返りを通じて自己の変容を捉えやすくするばかりでなく，友達とともに学ぶ良さを感じられるようにすることが重要である。そこで本研究では，聴き合いながら歌う力の育成にあたり，自覚的な学びを促すための方法として，振り返りに着目する。第三に，児童の特徴に応じた指導を行う必要があることから，表現能力を把握し，それを指導に役立てることについて検証を行う。歌唱時の具体的な表現能力としては，歌うこと，聴くこと，言葉で伝えることなどが考えられる。また，これらは，歌唱時にとどまらず，音楽の授業時における表現能力と関連すると推察される。そこで本研究では，児童の歌うこと，聴くこと，言葉で伝えることに関する技能を明らかにし，その変化を読み取るため，表現能力測定尺度を実施することとする。

1.2　目的

　本研究の目的は，表現のために聴くことに重点を置いた学習指導方法を提案するとともに，その効果を検証することである。なお，本研究の意義や価値，いわゆるオリジナリティは，表現能力測定尺度を利用して児童の特徴を把握した上で，エクササイズや振り返りカードを継続的に実施し，児童の音楽表現を育成する具体的な学習指導方法の提案とその効果を検証する点である。

2．方法

2.1　対象

　都内公立Ａ小学校の３年生の児童（105名）を対象に行った。

2.2　調査時期

　児童らの表現能力を測る尺度を作るための予備調査は，2019年７月に行った。

　授業実践，振り返りカードは，2019年９月から12月に行った。

　表現能力測定尺度は，2019年９月，12月に行った。

　なお，本研究は，第一著者が教職大学院在籍中に，音楽科歌唱分野の授業を対象に行った実践的研究の一部である。

2.3　内容

　本研究では，表現のために聴くことに重点を置いた学習指導方法について，一つに，題材に対応したエクササイズを提案すること，二つに，振り返りカードを利用して学級の実態を明らかにし，それを踏まえた指導方法を提案すること，三つに，表現能力測定尺度を利用して児童の特徴を明らかにし，それを踏まえた指導方法を提案すること，の３つの提案を行うとともに，それらの効果を次の通り検証する。

(i)　**題材に対応したエクササイズの提案**

　２学期の歌唱の授業実践における毎時の学習活動の流れとそのねらいを以

下の**表1**に示す。

表1　2学期の歌唱の授業実践における毎時の学習活動の流れとそのねらい

	学習活動の流れ	ねらい
1	机上整理	・学習活動の流れを確認し，児童が見通しを持てるようにする。
2	本時の活動の確認	
3	前時の振り返り	・振り返りカードの記述を基に，前時の振り返りを行う。 ・前時の振り返りでは，振り返りカードにおける聴くことや表現に関する記述を全体で取り上げるとともに，本時の学習とのつながりを児童に意識させることを目的とする。
4	めあての確認	
5	エクササイズ 及び 教科書の題材	・エクササイズは，寺尾（2017）の実践等を参考にして行い，本時の学習活動への導入と位置づけ，音楽を形づくっている要素等との関連を図る。 ・学習指導要領に基づく資質・能力を育む。
6	振り返り	・自身の聴く力の変容を実感できるようにする。

　聴き合いながら歌うことに慣れ親しむことに迫る手立てとして，且つ，題材に関わる音楽を形づくっている要素等を学ぶサポートとなるようなエクササイズを行った。その内容を以下の**表2**に示す。

表2　題材とその目標及び具体的な学習内容・活動とエクササイズ

題材	題材の目標	主な学習内容・活動	エクササイズ
十五夜さんのもちつき	・日本の歌に親しみ，拍の流れにのって歌ったり遊んだりして楽しむ。	・歌に合わせて手合わせをして遊ぶ。	・題材の歌詞をいくつかに分け，担当する部分を繰り返し唱える。入りのタイミングをずらしたり，強弱をつけたりして，音の重なりを楽しむ。さらに，リズムだけを取り出し，ボディーパーカッションでアンサンブルを行う。
チャチャマラカスのチャチャチャ	・リズムや旋律の反復や重なりの楽しさを感じ取って，演奏したり聴いたりする。	・リズムや旋律の反復や重なりの楽しさを感じながら，伴奏や打楽器のリズムを加えて演奏する。	・複数の打楽器のリズムパターンを同時に演奏する練習として，まず口で唱えてアンサンブルに慣れる。 ・<u>パートナーソング（本題材はア，イ，ウの部分に分かれており，イとウを重ねて歌うことができる）</u>
うさぎ	・日本の歌に親しむ。 ・季節を感じ，情景を思い浮かべて，曲にあった歌い方を工夫する。	・情景を思い浮かべ，気持ちを込めて歌う。 ・問いと答えになっている曲の形式を楽しむ。	・歌詞と音楽の結びつきを考えるため，言葉のアクセントや四分の二拍子の強拍，弱拍を手拍子で表す。 ・イントネーションと旋律の動きが一致していることを確かめるため，歌いながら音の高低に合わせて手を動かす。
ふじ山	・情景を思い浮かべて，気持ちを込めて表現する。 ・歌詞や旋律の流れを生かした歌い方を工夫する。	・遠くに響くような声で，フレーズをなめらかに歌う。 ・曲の山を見つけ，表現を工夫する。	・歌詞をつけた状態でなめらかに歌えるように，息を流す練習や，<u>ハミング，母音唱法（母音のみによる唱法）</u>などを行う。

※表中の下線部は，寺尾（2017）の練習課題を参考にした箇所。

「十五夜さんのもちつき」及び「まほうのチャチャチャ」では，リズムアンサンブルのエクササイズを通じて，友達の出している音を聴きながら演奏することに慣れ親しんだ。

　一方，「うさぎ」及び「ふじ山」のエクササイズでは，自分が出している音や声を聴きながら歌うことに重きを置いた。合唱や合奏では，周りの音を聴いて合わせることが必ず必要になってくる。しかし，児童らが自分たちの力で演奏を向上させるには，その他にもさまざまな力が必要となる。その一つが，一人一人が自分自身の出している音や歌声を聴き，判断し，修正していく力である。「うさぎ」及び「ふじ山」のエクササイズに共通していることは，さまざまな歌い方を試す中で，自分の歌声がどのように変化したかに気づくことが求められるという点である。そのためには，歌っている最中，自分の声をよく聴くことが必須となる。

　この他，音を取る際に，個人もしくは班ごとに手をつないで，音の高さを手で表すなど，音を可視化する取り組みを継続して行った。

(ii) **振り返りカードを利用した学級の実態を踏まえた指導方法の提案**
　本調査で用いた振り返りカードは，**図1**の通りである。

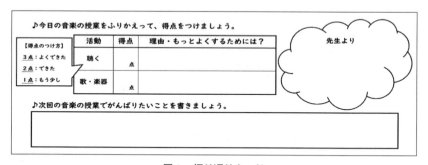

図1　振り返りカード

　振り返りカードの形式は，対象学年・学級の体育の授業で使用されているものをベースに，いくつか変更を加えた。まず，自己評価欄として，聴く，歌・楽器等の項目について，学習活動ごとに得点をつけられるようにした。また，過去だけでなく未来に目を向けるため，次回の授業で頑張りたいこと

を書く欄を設けた。このワークシートは冊子にし，教師のコメントをつけて返却することで，毎時間の振り返りに役立てられるようにした。振り返りカードを取り入れた目的は，児童が自身の聴く力の変容を実感できるようにするためである。また，前時の振り返りとして，授業の冒頭で，本時の活動のねらいと関連する記述を全体の前で紹介するようにした。

(iii) **表現能力測定尺度を利用した児童の特徴を踏まえた指導方法の提案**

　7月に対象児童に予備調査を行い，その結果を踏まえ表現能力測定尺度を作成した。表現能力測定尺度は，小学校学習指導要領（平成29年告示）解説の音楽編及び国語編の内容を基に作成した，18の質問項目から成る4件法のアンケートで，9月と12月の計2回実施した。質問項目のうち，天井効果及び床効果が発生していた項目を削除し，7つの項目を分析に使用した。1回目のアンケート結果を基に，**表3**の2つの因子を抽出した。なお，**表3**の関連する質問項目に示す7項目が，本調査で使用した「表現能力測定尺度」である。

表3　因子の名前と関連する質問項目

因子	因子の名前	関連する質問項目
1 (4項目 α=.801)	音楽の授業中，自分の考えたこと，感じたことを言葉や体を使って友達と伝え合うことができる。	「3．音楽の授業中，わたしは，自分の考えたことを友達と伝え合うことができる」「4．音楽の授業中，わたしは，自分の感じたことを友達と伝え合うことができる」「2．音楽の授業中，わたしは，自分の感じたことを言葉で表すことができる」「7．音楽の授業中，わたしは，歌を歌うときに，体を使って歌うことができる」
2 (3項目 α=.805)	音楽の授業中，歌詞の意味を考えて歌うために，友達が伝えたいことを落とさず聞いたり，自分の考えたことを言葉で表したりすることができる。	「6．音楽の授業中，わたしは，歌を歌うときに，歌詞の意味を考えて歌うことができる」「5．音楽の授業中，わたしは，自分が聞きたいことを落とさずに聞くことができる」「1．音楽の授業中，わたしは，自分の考えたことを言葉で表すことができる」

３．結果と考察

　本項では，「エクササイズ」の効果を「振り返り」の様相から検証するとともに，「エクササイズ」の実施上の留意点を「表現能力」の実態から提案する。

　なお，「振り返り」の様相については，「**3.1　学級の実態を踏まえた表現能力の育成のための指導方法**」において，「表現能力」の実態については，「**3.2　児童の特徴を踏まえた表現能力の育成の要点**」において示す。

3.1　学級の実態を踏まえた表現能力の育成のための指導方法

(i)　各学級の振り返りの様相

　２学期当初から音楽に集中できる環境が整っていた１組では，１学期から振り返りに力を入れてきた。振り返りカードは教科ごとにファイリングされ，個人のポートフォリオとして活用されていた。また，係活動においても，毎月振り返りの時間を設け，自己省察に基づく自主的な活動を行っていた。担任教師は，振り返りの記述に対して必ずフィードバックをすることで意欲付けを図るとともに，児童の概念的理解を促すようなコメントを付けていた。その他の言語活動としては，交流タイムや表現読みを実践していた。交流タイムとは，児童同士がお互いの考えを伝え合ったり，教え合ったりする時間のことで，個人での課題解決の過程で生じた疑問を積極的に友達に質問する児童の姿が見られた。また，モジュールの時間や国語の授業で行う表現読みの活動では，「あ」という一つの音を表現するのに，驚いた時の「あ」，納得した時の「あ」等，様々な文脈を想定することで，多様な表現の可能性を実感する児童の姿が見られた。１組では，このような取り組みを通じて，自分の学びを振り返ったり，表現したりする素地が整えられてきたと推察される。

　振り返りカードに関する各学級の特徴から，１組の児童の振り返りのほとんどが，「音楽的な側面について，何が分かって，何が分からなかったのかを正直且つ詳細に記入したり，今後やってみたいことを明記したりする」等の音楽的な内容であった一方，２，３組では，「学級で協力して音楽の授業に

臨みたいという記述」や「音楽の授業中，学級のために自分にできることや，周りの友達に心がけてほしいことに関する記述」等の学級の友達との関係，いわゆる学級風土に関する記述が多く見られた。さらに，児童らは，音楽を楽しむには静かな学習環境が必要であり，そのために学級で協力したり，気づいた人が周りの友達に声をかけたりすることが大切であると記述していたことから，2，3組では，研究者及び担任教師によって，2学期を通して，音楽に集中できる環境作りに重点を置いた指導が行われていた様子が示唆された。

(ii) **各学級の表現能力育成の指導方法**

以上のような各学級の実態を踏まえて，学級ごとに児童の実態に応じてどのような指導を行ったのかを**表4**に示す。

表4　各学級の実態に応じた指導方法

	各学級の実態に応じた指導方法の内容
1組	発問にこだわり，聴きながら歌い，歌いながら聴く力を伸ばす。発展的な内容にも挑戦する。
2組	必要なところは時間をかけながら，基礎基本を着実に押さえる。児童の集中力を維持するため，活動を精選する。
3組	少ない授業時数の中でも可能な限り体験的学習の機会を保障し，知識・理解の定着を図る。振り返りカードの記述が充実している児童が多いため，それらをしっかりと活かす。

3.2　児童の特徴を踏まえた表現能力の育成の要点

本研究では，児童の特徴を踏まえた表現能力の育成のために，児童の聴くこと，歌うこと，言葉で伝えることに関する技能を明らかにし，その変化を読み取るため，表現能力測定尺度の実施を試みた。

「2．方法」「2.3　内容」「(iii)表現能力測定尺度を利用した児童の特徴を踏まえた指導方法の提案」で抽出した，1回目のアンケート結果に基づく表現能力測定尺度の因子1，因子2の平均値を変数として，ワード法によるクラスタ分析を行い，児童を類型化した。抽出されたデンドログラムより，3つのクラスタが見出された。第1クラスタに属する児童は22名（89名中，

24.7％），第2クラスタに属する児童は29名（89名中，32.6％），第3クラスタに属する児童は38名（89名中，42.7％）であった。なお，3つのクラスタに属する対象者の人数比の偏りを検討するために，$\chi 2$検定を行ったところ，人数比の偏りはみられなかった（$\chi 2 = 0.561$, $df = 4$, $n.s.$）。次に，3つのクラスタを独立変数，2つの因子の平均値を従属変数とした1要因分散分析を行った。分散分析の結果，因子1，因子2いずれにおいても有意な群間差がみられた（因子1：$F_{(2, 86)} = 69.766$, $p < .001$, 因子2：$F_{(2, 86)} = 72.530$, $p < .001$）。3つのクラスタの平均をライアン法によって多重比較した結果，因子1，因子2いずれにおいても第1クラスタ＜第2クラスタ＜第3クラスタという結果が得られた。（$MSe = 0.226$, $p < .05$）

　以上の結果を踏まえ，第1クラスタは，因子1，因子2の平均値が第2，第3クラスタよりも有意に低いため，「低群」とした。第2クラスタは，因子1，因子2の平均値が第1クラスタよりも有意に高く，第3クラスタよりも有意に低いことから，「中群」とした。第3クラスタは，因子1，因子2の平均値が第1，第2クラスタよりも有意に高いため，「高群」とした。

　なお，本研究の目的が表現のために聴くことに重点を置いた学習指導を検証することであったことから，本論文では，以降，「音楽の授業中，わたしは，自分が聞きたいことを落とさずに聞くことができる」といった項目5に焦点を当てて，児童の特徴を踏まえた表現能力の育成について結果と考察をまとめる。

(i) 学級の違いから見た特徴

　項目5について，学級（被験者間），クラスタ（被験者間），時期（被験者内）を独立変数，項目の平均値を従属変数とした3要因分散分析を行った。分析の結果，学級とクラスタの交互作用（$F_{(4, 77)} = 2.515$, $p < .05$）およびクラスタと時期の交互作用（$F_{(2, 77)} = 7.473$, $p < .005$）が有意であった。学級とクラスタの交互作用が有意であったことから，学級の単純主効果を検定したところ，低群のみ有意であり（$F_{(2, 77)} = 5.500$, $p < .01$），3つの学級の平均をライアン法によって多重比較した結果，3組＜1組，1組≒2組，2組≒3組であることが示された（$MSe = 0.956$, $p < .05$）。一方，クラスタ

の単純主効果は，全ての学級で有意であり（1組：$F_{(2,\ 77)}$ =4.070, $p<.05$, 2組：$F_{(2,\ 77)}$ =4.844, $p<.05$, 3組：$F_{(2,\ 77)}$ =16.220, $p<.001$)，各学級の3つのクラスタの平均をライアン法によって多重比較した結果，1組は低群≒中群＜高群，2組は低群＜高群，低群≒中群，中群≒高群，3組は低群＜中群≒高群であることが示された（$MSe=0.956$, $p<.05$）。

⒤　学級の違いを踏まえた表現能力育成の要点

　低群は学級による差が見られた。具体的には，学級ごとのクラスタの平均値に注目すると，特に，1組において，高群に対して低群と中群の差が見られなかったといった特徴が著しいことが明らかとなった。

　1組では，「3．結果と考察」の「3.1　学級の実態を踏まえた表現能力の育成のための指導方法」で示した通り，1学期から継続して，振り返り，交流タイム，表現読みといった言語活動に取り組んだ結果，低群と中群の差がなくなり，学級全体の底上げが図られたことにより，自己省察に基づいて改善策を考えたり，児童自身が学び方に着目して，自分なりに応用したりする様子が見られるようになったと推察される。

⒤　表現能力の違いから見た特徴

　クラスタと時期の交互作用が有意であったことから，クラスタの単純主効果を検定したところ，1回目，2回目ともに有意であり（1回目：$F_{(2,\ 154)}$ =25.724, $p<.001$, 2回目：$F_{(2,\ 154)}$ =5.499, $p<.005$)，3つのクラスタの平均をライアン法によって多重比較した結果，1回目では，低群＜中群＜高群，2回目では，低群＜中群≒高群であることが示された（$MSe=0.742$, $p<.05$）。一方，時期の単純主効果は，全ての群で有意であり（低群：$F_{(1,\ 77)}$ =6.534, $p<.05$, 中群：$F_{(1,\ 77)}$ =5.588, $p<.05$, 高群：$F_{(1,\ 77)}$ =5.162, $p<.05$)，低群と中群の平均値が有意に高まり，高群の平均値が有意に低まった。

⒤　表現能力の違いを踏まえた表現能力育成の要点

　低群と中群の平均値の高まりについては，振り返りカードの記述から児童の疑問を読み取り，次時の授業において低群の記述を優先的に紹介したり，クラス全体の課題として提示し，解決したりするように心がけたことが理由

の一つと考えられる。児童の振り返りに基づく授業実践を行うには，とりわけ低群の児童に対しては，児童が授業中分からなかったことについて，「リズムが分からなかった。」「手で強弱をやったやつがあんまり分からなかった。」といったように，正直且つ詳細に記述できるよう支援する必要がある。また，中群の児童に対しては，振り返りカードにおいて「最初はどういう発音か分からなかったけど，みんなのを聴いてできるようになった。」「お友達のを見たりして学ぶ（ことをがんばりたい）。」といった記述が見られたことからも，教師及び他の児童から学び取る力を最大限に発揮できるよう，モデルの提示の仕方を工夫することが重要である。一方，高群の平均値の低まりについては，振り返りカードにおいて「相手の問いと答えをどういう風に歌っていたか聴けた。」「よく聴いていると，高い声でおなかから声を出せている人が分かった。」といった記述が見られたように，本研究を通じて，聴く行為に対する児童の認識が変化し，聴くことを通して，相手の歌い方のニュアンスを感じ取ったり，より良い発声について考えたりする等，より質の高い聴き方を追究し始めた結果だと推察される。また，高群の児童の学習意欲を維持するには，本研究において，他の児童から出された発展的な問いについて，既習事項を活用しながら進んで自分の考えを伝え合う高群の児童の姿が見られたことからも，彼らにとって新たな発見がある授業を行うことが必要である。

４．成果の活用法

　本研究で扱った振り返りカード（図１）を用いた実践について，評価結果を指導に役立てるといった，いわゆる指導と評価の一体化の視点から考察すると，得点の変化を知識・技能に関する自己評価と捉えたり，次回の授業でがんばりたいことに関する記述を主体的に学習に取り組む態度として評価したりすることができる。また，理由やもっとよくするための方法に関する記述を，思考・判断・表現の力として評価することもできる。さらに，振り返り，交流タイム，表現読みといった言語活動を継続して行うことで，自分の学びを振り返ったり，表現したりする力を育むことが，一層確かとなる。児

童の表現能力の実態とニーズを踏まえた指導を継続的に創意工夫，実践することが，聴き合いながら歌う力の育成のために必須であると推察される。

　なお，本研究は，第一著者による授業実践の成果に基づく一事例の効果検証であった。本研究で設定した「表現のために聴くことに重点を置いた学習指導を行う」といった実践目的に迫るための，「技能の指導及び授業づくりを踏まえたエクササイズ」「児童の自覚的な学びを促す振り返り」「表現能力を把握し，それを指導に役立てる」といった3つの手だての妥当性を高めるためには，今後，本研究の実践目的に迫るための手立てを含めた理論的な枠組みを，授業実践事例に基づく効果検証を積み重ねて一層精緻にしていくことや，新たな手だてを開発，検証していくことも，重要な実践課題である。

[キーワード]

　聴くこと (Listening to each other while singing)，エクササイズ (Exercise)，
　振り返り（Review)，表現（Expression)

〈参考文献〉
国立教育政策研究所編著，2016，『資質・能力 理論編』東洋館出版社.
文部科学省，2008，『小学校学習指導要領解説 音楽編』教育芸術社.
文部科学省，2018a，『小学校学習指導要領（平成29年告示）解説 音楽編』東洋館
　　出版社.
文部科学省，2018b，『小学校学習指導要領（平成29年告示）解説 国語編』東洋館
　　出版社.
小野文子，2006，「子どもの成長と音楽 聴くことから歌うことへ」，『中国学園紀
　　要』，中国学園大学/中国短期大学，125-129頁.
阪井恵，2011，「＜聴く＞とはどのようなことか―音楽科教育の実践に即して考え
　　る」，日本音楽教育学会，『音楽教育実践ジャーナル』，9巻1号，66-73頁.
澤田篤子，1998，「結章 音楽の継承と創造」，小島律子，澤田篤子編著，『音楽によ
　　る表現の教育－継承から創造へ－』，晃洋書房，327-339頁.
立本千寿子，2011，「幼児の音の聴取・表現力と行動特性－「聴く・つくる活動」
　　を通してみる幼児像－」，『教育実践学論集第12号』，兵庫教育大学連合大学院連
　　合学校教育学研究科，113-125頁.

寺尾正，2017，『聴き合う耳と響き合う声を育てる合唱指導 ポリフォニーで鍛える！』音楽之友社.

第4部

実践研究ノート

昭和40年代における
神奈川県小学校教科担任制についての一考察

横浜市立豊田小学校　**垣崎　授二**

1．はじめに

　現在，学校の働き方改革の流れの中で，小学校高学年における「教科担任制（以下，教担制とする）」の拡充について論議されている。この背景には，小学校教員の採用倍率の低下が懸念される中，教員の負担軽減や専門性向上の問題がある。かつて，昭和40年代に入り，神奈川県内の公立小学校における「教担制」の研究が大きな契機となり全国的な広がりを見せる時期があった[1]。この当時の「教担制研究」の理論的支柱であったのが吉本二郎であり，吉本は，『学校経営学』（1965）の中で，「組織」研究の必要性を鋭く指摘し，バーナードの「協働」の概念を導入して「協力教授組織」[2]を提示していた。本稿では，この昭和40年代の神奈川県における小学校高学年教担制の論議の内実に焦点化して，主に神奈川県教育委員会の研究集録と神奈川県教担制研究連絡協議会発行の出版物，吉本の著作を軸に考察し，今後の持続可能な学校経営に資することを目的とする。

2．昭和40年代の神奈川県における「教担制」

⑴　神奈川県教育委員会「小学校高学年における教担制の研究」

　昭和40年代に起きた「教担制」は，神奈川県教育委員会から昭和40年4月，2年間の期限で「小学校高学年における教担制の研究」について指定を受けた9校と横浜国立大学附属小学校2校の計11校の実践が引き金であった。神奈川県教育委員会による「教担制研究指定校研究実施要項」[3]にある目標に

は，学級担任制の長所を残しつつ「小学校高学年の教育に教担制をとりいれ，教育活動の組織化・能率化をはかり，もって学習指導，生活指導両面の指導力強化と教育の効果・向上をはかる。」とある。また，この研究を推進するために，各研究校に教員１名を増配置していた。

全国から神奈川県の研究指定校への視察も激増し，「中には10日間，１週間と長期にわたって１校に留学させ平常の経営の中で教担制がどのように運営されているか，児童の受け止め方はどうか，その効果はどのように現れているか等」[4]細部に渡って視察する学校もあった。1969（昭和44）年10月には，「第１回小学校教担制研究全国大会」（会場：横浜国立大学附属鎌倉小学校）が２日間開催され，この時の基調講演「現代教育の要請と教授組織の革新」を行ったのが吉本であった。「教授組織」という言葉が広く使われるようになったのもこの頃で，「教授組織」という用語を明確に使ったのは吉本であり，前述した「協力教授組織」の提唱による影響が大であった[5]。また，昭和44年７月，全国教育研究所連盟が「教授組織の改善に関する調査」を実施しているが，小学校における教担制の実施状況の調査結果[6]では，すでに取り入れている学校が171校（16.4％），取り入れるべきだと考える学校が672校（64.0％），準備している学校が54校（5.2％），その比率を合わせると85.6％と，当時の小学校における教担制の関心が，いかに高いかが分かるのである。

(2) 神奈川県教育委員会「小学校高学年における教担制の研究」導入の理由

それでは，神奈川県教育委員会は，どのような経緯で，教担制に踏みきったのであろうか。神奈川県教育委員会の研究集録『小学校高学年における教担制の研究』（第１集・第２集）の中で教担制研究に踏み切った理由を「一般的理由」と「直接的理由」の２つの視点から述べている[7]。「一般的理由」としては，①小学校の高学年の教師が全教科を1人の教師で担当する方式は合理的指導組織とは言えず少なくとも能率的ではないこと，②「専科教員の授業」など変則的授業形態が全国の共通現象であることから「教担制」の研究を検討する重要な時期であったこと，③高学年の学級担任のもつ最低時間

数が1週8教科33時間に加えて学級事務等，莫大な時間となり，時間的にも能力的にもかなり無理があった3点を述べる。「直接的理由」は，①多忙な時間数から小学校教員の希望者が少なく，近県，東北，北陸方面にまで呼びかけて需要をみたす全く容易ならない状況下にあることであり，これは「県の宿命」であるとさえ強調する。②「専科的教員の効果的な協力」を挙げ，従来の専科的教員が，学級担任との間に，一段自分を低くする態度が歴史的因襲の中に存在しているとし，それを「教担制」の実施で完全な協力体制を取り戻すことを期待したからであった。100年余年存続してきた「学級担任制」という指導組織そのものに大胆なメスを加える必要性に迫られ，神奈川県教委が全国に先駆けて「教担制」を導入したのである。

(3) 昭和40年代の時代背景−「教育の現代化」と「能力主義」−

ここで，昭和40年代の時代背景を改めて先行研究から確認しておく。ソビエト連邦のスプートニック打ち上げ成功の1957（昭和32）年以降，教育の世界では「教育内容の現代化」と呼ばれる教育内容を抜本的に組み換えようとする動きが生まれた。そして，文部科学統計要覧（平成29年版）によれば，1965（昭和40）年の高校進学率が70.7％と義務教育修了者数の3分の2にのぼり，昭和49年には90％を超えていく。1966（昭和41）年10月には，中央教育審議会が答申「後期中等教育の拡充整備について」を公表，高校の多様化を強調し，「期待される人間像」が答申の「別記」として添えられる。まさに，昭和40年代は，高度経済成長推進の中で，久冨（1994）が述べるように「能力主義の浸透の時代」[8]であった。と同時に，今津（1996）や油布（1999）が指摘したように「学校教育が量的拡大を遂げた1960年代は，教師の専門職化が高らかに叫ばれた時期」[9]であり，「専門職として教職を確立する教職の専門性の確立」[10]の時代でもあった。さらに，注目すべきことは，1968（昭和43）年全面改訂の小学校学習指導要領総則の7(4)にある「指導の効率を高めるため，教師の特性を生かすとともに，教師の協力的な指導がなされるように工夫すること」という文言である。小学校における「教担制」は，この文言が強い追い風となって全国的な広がりを見せていくのである。

3．その後の神奈川県の「教担制」研究の動向

⑴ 「教担制」拡大自主研究期

　1968（昭和43）年６月発刊の神奈川県「教担制」共同研究校合同の研究報告書『教担制による小学校指導組織の近代化』（明治図書）によれば，２年間の研究指定期間終了後，「このまま解散するにはしのびない」とし，研究指定校を中心に自発的に研究継続を希望する学校を募り，県内地区ごとに「教担制研究連絡協議会」を発足させた[11]。これが母体となって，「全国小学校教担制研究会」へと発展し，第１回全国大会を神奈川で開催するまでになる。神奈川県における教担制の研究は，これまで見てきたように，教育の現代化，近代化の動きの中で，「県の指導行政の意図と現場の研究意欲・実践課程がうまくかみ合って」[12]，両者の真剣な取り組みが研究の実を結ばせたのであった。

　それでは，その後の神奈川県における教担制研究の動向を俯瞰する上で，県教委の研究集録『小学校教担制の研究』と神奈川県教担制研究連絡協議会の著（1972）（『子どもを生かす教担制　類型による組織と実践の過程』（明治図書））を主な拠り所としながら考察していく。

⑵ 教担制研究10年の歩みの分岐点─「協力指導組織」としての教担制

　神奈川県教委の研究集録第５集（1970）で，過去5年間の実践から「本県（神奈川）では，最近に至って本来教担制でねらっていることをより一般化して「教担制等による協力指導組織の研究」とし，現代教育の課題として，より一層の研究を期待している」[13]と明記し，「教担制は必然的に協力指導組織の問題に帰結」すると，教担制の研究目的が，協力指導組織の研究であると明確に方向づけをしている。事実，その後の神奈川県教委の研究集録の副タイトルを見ていくと，第６集（1971）─協力指導組織とその運営─，第７集（1972）─学年・学年団の経営─，第８集（1973）─児童指導─と，ここでは，児童理解を深くするため学級・学年経営の協業をどうするかを課題とし，第９集（1974）─教師の特性をいかした協力指導のくふう─と，教担

制にとらわれることなく，学校の実体や実情（学校規模や職員構成等）に応じたT・T，専科制，交換授業，合同授業など具体的な多様な学年協業体制の実践が語られ，学年意識の高揚へ学年協力意識の顕著な移行が見られる。つまり，そこには，個人の力による指導から組織の力による指導への転換が底流として形成されてきたのである。

(3) 教師の「協働」による協力指導組織の一基本形

　一方，1972（昭和47）年，神奈川県教担制研究連絡協議会がこれまでの研究をまとめ，今後の研究の方向性を示した『子どもを生かす教担制　類型による組織と実践の過程』（明治図書）を出版した。この年は学制100年の記念すべき年でもあり，今後の方向性を示唆するものであった。その中で，教担制導入の「初期のころは，「学力向上」という視点に力点がおかれ，やがて「教師の特性発揮」，さらに「児童指導の充実」，そして，「学校経営の協働化」へと，徐々に重心が移ってきたことも事実である」と約10年間の歴史を振り返っている。その上で，注目すべきことは，県教委が第5集で教担制研究を「協力指導組織」の研究であると示したように，教担制を学級担任制の基盤の上に立つ教師の「協働」による協力指導組織の一基本形であると明確に言及していることであった。

　そして，神奈川県教担制研究連絡協議会が，「それまでの教担制研究を正しく位置づけ，方向づけ，協力指導組織の一基本形として発展させた」ことに対して，教担制研究に先立つ形で吉本の「協働」の概念提案があったことが特筆大書するに値すると述べる[14]。

　さらに，この「教師の協働化に力点をおいた協力指導組織としての教担制は，近い将来において，ますます積極的に導入され恐らく，小学校の協力指導組織の典型としての役割をもつこととなろう」と述べ，今後協働の考え方が拡大深化することで，ティーム・ティーチング方式など他の協力指導組織の良さを積極的に導入し，教科分担中心の協働から指導分担まで含めた協働の移行へと展開していくことを展望している[15]。

　そのことを裏付けるかのように，1974（昭和49）年の神奈川県教委主催の

研修会には，ティーム・ティーチングや個別化の指導が目立ち始め，「第5回小学校教担制研究全国大会千葉大会」（1976）では，組織名称そのものを「全国教授組織研究協議会」と改めた。これは，これまで誤解されやすい教担制への偏見や中学をも含む教授組織研究に拡充し，協力組織の中に，T・T等をも含むことを意味しての変更であった[16]。また，神奈川県教委の研究集録のタイトルにおいても，第10集（1976），第11集（1977）に，これまでの「小学校における教担制の研究」に，「協力指導」を加筆し強調する。第10集の副題は「児童ひとりひとりの全人的発達をめざした協力指導」であり，第11集が「経営，指導の最適化をめざした協力指導の工夫—確かな教科指導の創造—」であった。

⑷　10年間の研究の最終テーマ「組織の最適化」

　神奈川県教委の研究集録の第10集（1976）と第11集（1977）では，これまでの10年の教担制研究の歴史を，学力向上をめざしての分担・協業方式の実験的研究期から，全人的発達をめざした協力指導組織に進む発展期，更に協力指導のシステム化，経営・指導の最適化をめざした研究期と大きく3期に整理している[17]。この昭和40年代の10年間の教担制研究の歴史の中で，教育のあるべき方向を展望しつつ，試行錯誤しながら論議を積み重ねてきた上での最終の主たるテーマが「組織の最適化」であった。この「最適化」について，第11集で，「いろいろな制約条件のなかで，その学校に最も適切な協力指導の組織・運営をめざすこと」と定義している[18]。この制約条件については，これまで昭和40年代当初より教担制導入に当たっての阻害要因として繰り返し論議の的となってきた。例えば，学校規模（大・中・小），教員構成数，定員不足，学年構成，経験年数，教員異動，男女数，専門分担，特別教室の施設・設備，学級の児童数，児童・保護者の理解，中でも，大きな阻害要因は，教担制（協力指導組織）に対する管理職の意識，とりわけ教師間の意識，認識の差であった。

　第10集には，神奈川県教担制連絡協議会が，協力指導の実態を明らかにするために，全県下633校の公立小学校にアンケートを依頼し集計した調査結

果（回収率96%）がある。これは，昭和50年９月１日現在の県内の協力指導の現状と問題点が浮き彫りとなる貴重な資料である[19]。その中で，教担制（協力指導）を導入していない理由の記述式での結果を見ると，最も回答数が多かったのが，「教員定数の不足（154人）」，「プランナーがいない（106人）」であり，次いで「人間形成には学担制の方がきめこまかに統一した指導ができる（60人）」「教師の考えがそこまでいっていない（48人）」であった。このことから，教担制が，あくまでも学担制の基盤の上に立っての協力指導組織の一基本形であるにも関わらず，ここでもまた，職員間におけるその共通認識が思うように進んでいないことが分かる。

神奈川県における小学校教担制に関する研究をした丸山（1996）は，教担制が浸透しない阻害要因を，特に川崎市の30年の教担制の歩みを振り返りながら整理している。その中で，教担制が「学校経営と密接に関わるものであるから，校長の強力なリーダーシップが必要であり，このことが軸となる。」と述べ，「教員間の認識に差があり，協力指導組織の確立が困難」という問題は，「今に通じる古くて，新しい問題といえよう。」と指摘する[20]。

神奈川県教委の教担制の研究集録の刊行は，第11集までであるが，この「協働」による協力指導組織の最適化の問題は，50年経った現在において，この「教員間の認識の差」に，学級崩壊や教員のメンタルヘルスの問題，大量退職，教員採用志望者の減少，臨任・非常勤の絶対的な不足，働き方改革の新たな制約条件も加わる新たな様相をまとって，校長にとってより一層，大きな課題となっているのである。

４．終わりに　─教担制研究10年の歴史が物語るもの

昭和40年代の教担制研究は，神奈川県教育委員会と神奈川県教担制研究協議会の両者が回転の歯車となって，現代にも通ずる基本的な問題（学力向上，教師の特性発揮，専門性の向上，負担軽減，児童指導，協働のシステム化）が論じられていた。中でも最も注目すべき視座は，この10年間の歴史の中で，教育のあるべき方向を展望しつつ，個人の力から組織の力に力点を移す真剣な論議を積み重ねていく過程で，教担制を学担制との対立概念で捉えるので

はなく，あくまで学級担任制の基盤の上に立って教師の「協働」による協力指導組織の一基本形であることを見出し明確に位置付けたことであった。このことは，当初，合理化の視点からメスを入れようとした学担制であったが，逆にその重みを再評価するという結果に至り着いたことを明らかにしているのであり，今，小学校における教担制が再び論議される中にあって，見落としてはならない視点を投げかけている。

　また一方，殊更「協働」を強調していたことは，未だ，教師の閉鎖性が問題視される中にあって，色褪せない革新的な意義があった。教担制が留意すべき陥る問題点として，吉本は，既にその導入において何よりも教育現場に「協働の精神的・実際的な結合構造が形成されるところに極めて重要な意義がある」[21]とし，「合理的な協力組織の実現を妨げる教師の意識，特にセクショナリズムが打破される必要がある」[22]と鋭く警鐘を鳴らしていた。また，教担制の利点が教師の専門性を高める点に鋭く疑問を投げかけていた上田（1969）も，教科はあくまでも相対的な性質のものであり，教科を閉鎖するのではなく逆にひらいていくということ，そうした一見矛盾した前提の上に立ってはじめて教担制は意味をもつことができるとし，何よりも子どもを凝視する教師間の緊密な連携を強く主張していたのであった[23]。「社会に開かれた教育課程の実現」が要請される今ほど，神奈川県教担制研究連絡協議会が展望していたように，授業のみならず日常的な指導場面での開かれた「協働」の意識に力点を置いた具体的な行動の推進が求められている時代はないのである。

　もう一つの視座は，神奈川県の教担制研究10年間の最終テーマが「組織の最適化」であったことである。この教担制研究が，「組織」の在り方に収斂され帰結したという事実は，学校経営と密接に関わっていることの証左であった。学校教育は，限られた時間と限られた人員と労力の中で営まれ，さらに，それぞれの学校の制約された様々な実情の中で，如何にして最小の努力で最大限の教育効果を生み出す組織を構築していけるのか，時を経てこの古くて新しい容易ならざる難題が今も立ちはだかっている。

　神奈川県公立小学校長会は，毎年度全県下の校長悉皆による調査を実施し

ているが，その設問の中で，経験年数の少ない教員や指導力が十分ではない教員を含めた教職員集団を活用して，一人一人の教員の指導力を補うための指導体制や校内人事等での方策について問うている。令和元年度の調査結果を見ると，選択肢の１つである「学年チームで指導力向上が図れるような人事（OJTが機能する）」が80％を超えるなど全体の傾向として例年大きく変わらないが，「教担制等の実施」が27.7％と昨年より3.8％と増加傾向にある。中でも，県調査研究部は，昨年より7.8％増加した川崎地区について，高学年による教担制が進み，若手教員の育成のみならず，児童理解や働き方改革にも生かされていると分析した上で，この設問結果から，いずれにせよ各校長が円滑に学校運営を行えるよう腐心していることが伺えると考察している[24]。

　まさに，現在における教担制の導入は，持続可能な学校経営組織の根幹と直に結びつく課題なのである。この難題に每年変わる自校の職員の複雑な校内事情を抱えて直面しているのが校長であり，同時にその解決に積極的な役割を担うのもまた校長なのである。

　そして，その根本的な打開の方向性もまた，昭和40年代の教担制研究の論議の中心的概念であった「協働」で生み出される開かれた職員間の精神的結合に鍵があると，筆者は考えている。「協働の拡大と個人の発展は相互依存的な現実」[25]であるとバーナードが指摘していたように，それぞれの教育現場で校長のリーダーシップのもと，多様な人との「協働」に内包される豊かな可能性に目を向けて職員の協働意欲を促進させ，互いの存在が互いの励みとなる「協力指導組織」の最適化を事実の上で実現していくことが，持続可能な学校経営組織を構築していくために，今，強く求められている。

［キーワード］

　教科担任制（departmental plan），協働（cooperation），最適化（optimization），
　持続可能な学校経営組織（sustainable school management organization）

〈注〉

(1)　当時の日本教育新聞の記事には，「ことに静岡県下の七割の教員と全校長は教

科担任制の長所を認め，小学校の高学年は教科担任制を実施すべきだと答えた
ほどで，わずか二・三年の間に小学校の教科担任制に関する研究は全国に波及
し，北海道，青森，宮城，福島，茨城，千葉，広島，神奈川，兵庫，長崎，佐
賀などで盛んに行われるようになった。」（昭和41年12月29日付）とある。

(2)　吉本二郎，『学校経営学』国土社，1965，188頁。

(3)　神奈川県小学校教科担任制共同研究校，『教科担任制による小学校指導組織の
近代化』明治図書，1968，34-38頁。

(4)　神奈川県教育委員会，『小学校教科担任制の研究─その類型的展望─』（第5
集），1970，5-6頁参照。県の教担制研究指定校であった厚木市立厚木小学校の県
外からの「視察来校者分布図」（昭和45年3月現在）によれば，昭和42年度202
名，昭和43年度338名，昭和44年度486名の視察来校者数であった。

(5)　全国教育研究所連盟編，『教授組織の改善 学習指導の近代化シリーズ5』東洋
館出版社，1970，2頁参照。ここで，吉本二郎著の『学校経営学』を挙げ，「最
近において「教授組織」ということばが広く用いられるに至った始めは，東京
教育大学教授吉本二郎氏の提唱によるといってよかろうと思われる。」と述べて
いる。

(6)　前掲，『教授組織の改善 学習指導の近代化シリーズ5』，35-45頁参照。この調
査は，学校を対象とする全国調査として，教授組織の改善に対する学校として
の関心や意欲，協力活動や協力教授の実態並びに学校研究や教員構成なども正
確に把握することで，学校として教師の協力的な指導体制や研究体制を組織し
運営していくための基礎的な資料を得ることを目的として，昭和44年7月に実施し
た。調査対象は，全国公立小学校の10％（2,209校）と中学校の10％（1,019校）
を都道府県別に無作為に抽出し，6項目34事項について調査し，有効回答は全
数の5％である。小学校における教担制の実施状況を問う回答結果の実数（％）
は①すでにとりいれている171（16.4％）②とりいれるために準備している54
（5.2％）とりいれるべきだと考える（64.0％）④とりいれるべきではない75
（7.2％）無答75（7.2％）であった。

(7)　神奈川県教育委員会，『小学校高学年における教科担任制の研究』第1集，
1966，3-5頁，第2集，1967，2-3頁 参照。

(8)　久冨善之，「第11章 戦後史の中の教師文化」稲垣忠彦・久冨善之編，『日本の
教師文化』東京大学出版会，1994，201頁。

(9)　今津孝次郎，『変動社会の教師教育』名古屋大学出版会，1996，6頁。『神奈
川県の教育統計』によれば，神奈川県の児童数は，昭和40年度348,199人から57
年度743,672人まで増加し続け，児童数の量的拡大を遂げている。また，この時
期，義務教育標準法（昭和33年制定）に伴う第二次五か年計画（39〜43年）で

学級50人標準が45人標準に改善され大幅な教員増が図られていた。

⑽　油布佐和子,「7章 教師は何を期待されていたか―教師の役割の変化を追う―」油布佐和子編,『教師の現在・教職の未来』教育出版, 1999, 138-157頁。

⑾　前掲,『教科担任制による小学校指導組織の近代化』, 41頁。

⑿　神奈川県教科担任制研究連絡協議会,『子どもを生かす教科担任制　類型による組織と実践の過程』明治図書, 1972, 154頁。

⒀　前掲,『小学校教科担任制の研究―その類型的展望』第5集, 22頁。

⒁　前掲,『子どもを生かす教科担任制　類型による組織と実践の過程』42-44頁参照。

⒂　前掲,『子どもを生かす教科担任制　類型による組織と実践の過程』, 49頁。

⒃　神奈川県教育委員会,『小学校における教科担任制（協力指導）の研究』第11集, 1977, 12-13頁 参照。

⒄　神奈川県教育委員会,『小学校における教科担任制（協力指導）の研究』第10集, 1976, 91-95頁, 第11集, 1977, 11-13頁参照。

⒅　前掲,『小学校における教科担任制（協力指導）の研究』第11集, 3頁。

⒆　前掲,『小学校における教科担任制（協力指導）の研究』第10集, 64-69頁 参照。

⒇　丸山義王,「川崎市の協力指導組織の変遷と学校経営」,『学校経営研究』, 大塚学校経営研究会, 第21巻, 1996, 78頁。丸山は, 教担制研究の県指定校であった川崎市立宮前小学校に勤務し, 昭和41年には東京教育大学に内地留学をして吉本二郎に師事している。昭和43年には, 川崎市内全小学校70校が参加して川崎市教担制研究会が発足し教担制研究を推進したが, 30年後には川崎市の児童指導研究会に吸収合併された。

㉑　吉本二郎・須藤久幸編,『講座小学校教科担任制 1組織と経営』明治図書, 1969, 43-44頁。

㉒　前掲,『教科担任制による小学校指導組織の近代化』, 16頁。

㉓　上田薫,「Ⅳ目標・内容・方法の一貫性　二社会科の実践と分析」, 吉本二郎・須藤久幸編,『講座小学校教科担任制 2授業の改革』明治図書, 1969, 299-306頁参照。上田は,「あらゆる努力を傾注してこの見かけのよい, 口あたりのよい小学校の教科担任制という怪物を阻みたいと思う。」と強く主張していた。

㉔　神奈川県公立小学校長会,『令和元年度研究調査報告書』, コジマ印刷, 2020, 9-10頁。令和元年度研究調査の調査時期は, 令和元年7月, 対象校851校, 回収率100％である。平成29年度よりWEBでの県下公立小学校長悉皆の調査を行っている。大きな調査項目は, 1「教育課程編成・実施上の課題」（2項目）とⅡ「教育活動を支える教育環境の課題」（6項目）である。Ⅱの設問12「一人一人の教員の指導力を補うために, 指導体制や校内人事等でどのような方策をとっ

ていますか。」（複数回答可）の選択肢は以下の10項目（比率）である。

　①学年チームで指導力向上が図れるような人事（OJTが機能する）（81.1％）②総括教諭（主幹教諭）が機能する人事配置の工夫（50.0％）③個人の能力を生かせるような人事配置（40.7％）④既存組織の見直し，改善（27.0％）⑤ベテランの教育的財産が引き継がれるような人事配置（19.1％）⑥ベテラン・中堅・若手とバランスのとれた人事配置（37.6％）⑦指導力が不足している教員を意識した人事配置（42.4％）⑧TTや少人数指導の実施（36.4％）⑨教科担任制等の実施（27.7％）⑩２学級以上の合同授業の実施（8.9％）である。また，経年比較できるよう平成26年度以降同じ設問項目（複数回答可）であり，選択肢である⑨「教科担任制等の実施」の比率は，平成26年度21.5％，27年度18.0％，28年度20.2％，29年度22.1％，30年度23.9％と増減があるものの増加傾向にある。

⒇　C.I.バーナード，1938，"The Function of the Executive"，Harvard University Press.=訳者代表　山本安次郎，『新訳 経営者の役割』ダイヤモンド社，1968，309頁。

「地域とともにある学校」の創造に向けての課題

——創作劇「巌道峠（がんどうとうげ）」の実践にみる連携・協働の視点から——

兵庫教育大学大学院連合学校教育学研究科　**梶原　正史**

1．問題の所在

　東日本大震災は，地域を守り育てる住民の連携や地域における学校の在り方を見直す契機となった。2011年7月の調査研究協力者会議の報告では，「子どもの学びの場」としての学校から，「大人の学び」となる学校，「地域づくりの核」となる学校という新たな学校像を示した。そして，これからの学校と地域の姿として「地域とともにある学校」を提起した[1]。さらに，2015年12月の中央教育審議会答申では，学校と地域が対等性・双方向性のあるパートナーとして，連携・協働体制を組織的・継続的に確立することを示した[2]。教育現場では，新しい連携・協働の枠組みの中で，どう「地域とともにある学校」を創造していくかが課題となった。

　「地域とともにある学校」は，学校と家庭・地域が学校や地域の課題を共有し，共通の目標・ビジョンを持って子どもたちを育むと共に地域づくりも進めるものである。その運営においては，学校関係者が当事者意識をもって子どもたちの実態や教育の目標・ビジョンを共有するために「熟議（熟慮と議論）」を重ねること，学校と地域の人々が「協働」して活動すること，学校が組織として力を発揮するために「マネジメント」を行うこと，この3つの機能[3]が重要とされる。

　「地域とともにある学校」の提起によって，学校は，学校運営協議会[4]の在り方だけでなく，保護者や地域住民と新たな関係を築き，連携・協働を組織的・継続的に展開する方策まで検討する必要がでた。この新たな課題への

研究は，各地のコミュニティ・スクール実施校などが進めている⁽⁵⁾。筆者は，過去の実践においてもこの課題に取り組み，今日の実践に示唆を与えるものがあると考える。本稿では，過去の実践事例に内在している連携・協働の発想を明らかにすることで「地域とともにある学校」における連携・協働の組織的・継続的な姿を描きだしていきたい。

２．創作劇活動を通して地域を学ぶ実践

(1) 学校と地域の連携・協働の視点

　事例における連携・協働を検討する際，「地域とともにある学校」の運営で備えるべき３つの機能「熟議（熟慮と議論）」「協働」「マネジメント」は，子どもの学びを支える３つの位相（phase）に具体化できる。まず，「熟議」は，学校関係者が熟慮と議論によって教育目標や教育ビジョンを共通理解していくことから「目標の共有」である。次に，「協働」は，学校関係者が教育課題を克服するために共に活動することから「課題の追求」である。さらに「マネジメント」は，学校が学びを支える人々の活動を維持していくことから「活動の持続」である。この共有，追求，持続を検討するための指針とした。

　検討する事例は，筆者が実践の構想に関わり内実を知る山梨県道志村立道志小学校久保分校の全校創作劇「巌道峠（がんどうとうげ）」の活動とする。この活動は，筆者を含めて34名の教職員とその時々の保護者，地域住民が関わり，17年間継続した。創作劇活動の過程で教職員，子ども，保護者，地域住民は，共に地域を見つめ，積極的に地域の歴史や課題を学んだ。そして，活動したことを教職員，子ども，保護者が，文章や映像で残している⁽⁶⁾。このことから共有・追求・持続を検討する事例に適していると考える。

(2) 創作劇「巌道峠（がんどうとうげ）」の背景

　実践は，1982年に始まった。当時の都市部では，人口流入による過密が問題になっていた。一方，山間部の集落では，人口流出による過疎化で伝統的な地域社会が変化しつつあった。道志小学校久保分校でも，1982年度の児童

数は，10年前に比べ半減して20名，教職員数4名（教頭，教諭3名）で，完全複式学級になっていた。同年齢の子どもが少人数のために競い合いや集団活動が難しい状況であった。実践が始まった年度当初，教職員で分校の課題を検討し，少人数で学んでいる子どもたちは，「主体性」と「表現力」が不足し，「地域を知る」機会が少なくなったという共通認識をもった。この課題を克服する手立てとして，研究主任であった筆者が地域を題材にした創作劇活動を構想し，脚本を執筆した。

(3) 目標の共有
①第1作「がんどう峠」の実践
　創作劇活動の目標は，子どもたちの「主体性」と「表現力」の育成，「地域を知る」ことであった。研究計画には，1学期（4月〜7月）に教育活動全体で「表現力」を向上させる活動，2学期（9月〜12月）に「表現力」の向上と「地域を知る」ための創作劇活動を位置付けた。実施するための時間として，教育課程に教科等の予備時間を週1時間「ゆとりの時間」として確保した。また，子どもが保護者や地域住民と交流する活動も企画した。

　創作劇のテーマは，助け合い。（以後17年間一貫したテーマになった。）題名は，「がんどう峠」とし，久保地区と他地域を結ぶ生活上重要な峠だった巌道峠（がんどうとうげ）を象徴的にとりあげ，お年寄りから聞いた村の史実を再現した。

表1　第1作の様子（『創作劇巌道峠八年間の教育実践』1-47頁より抜粋）

創作劇「がんどう峠」（第1作）のあらすじ
　昭和初期の農家が舞台である。おとう（父親）が炭を馬につけて町まで売りに行き，夕方家に帰る。家では，子どもがひどい腹痛になっている。手のほどこしようがなく，困り果て，村人に相談する。医者に診てもらった方がいい。でも雪で峠越えは無理という意見で話がまとまらない。その時，「俺たちゃあ，この村に生まれ，この村で育ってきた。どんな時だって助け合って生きてきたじゃないか。……」この言葉でみんなの心が一つになる。一番鶏を合図に村人が集まってくる。友だちを心配する子どもたちや見守る大人た

ちの中を，病気の子どもをのせた籠が町の医院を目指して出発する。峠越え
を心配する村人は，いつまでも手を振り見送っている。

練習・上演の様子（1982年12月22日上演）

　脚本ができ，４名の教職員と全校児童20名で練習に取り組んだ。子どもた
ちは，自分の配役が決まりとても喜んだ。しかし，劇の練習は，教職員も初
めてで戸惑った。登場人物の気持ちを言葉や動作で表現することや声の大き
さなど試行錯誤しながら指導した。子どもたちは，練習を重ねるごとに登場
人物の気持ちを表現できるようになった。教職員と保護者で大道具小道具を
集め，上演の前日，集会室にいろりをつくり，農具を置いて50年前の農家を
再現した。

　午後２時の上演の前，会場の集会室には，保護者だけでなくお年寄りなど
多くの住民が詰め掛けた。初めての創作劇にみんなが期待しているようだっ
た。幕が開いた。子どもたちは，練習の時以上に堂々と演技した。初めての
劇と思えなかった。見ている村人は，昔の言葉遣いを聞いては笑い，拍手を
していた。また，子どもの言葉にうなずいていた。気が付かないうちに舞台
で演じる子どもと住民が一体になっていた。劇の中で苦労している場面があ
ると「しっかりしろ」と声をかけたり，昔の自分の苦労を思い出したのか涙
を流したりする人もいた。病人をのせた籠が出発する最後の場面では，子ど
もたちは，当時の村人になりきっていた。幕が閉まってもいつまでも拍手が
なりやまなかった。45分間の劇を終えた子どもたちの顔から，一つのことを
やり遂げた充実感が感じられた。

②地域の歴史を語る

　地域の史実を伝える創作劇の後，地域について一緒に語り合う「がんどう
峠について語る会」を行った。会では，子ども，保護者，地域住民が創作劇
の感想や久保地区の昔のことを語り合った。子どもからは，劇で昔の人の苦
労が分かったという意見が出た。お年寄りからは，当時の苦労した様子が話
された。保護者からは，今の自分たちではそんな苦労はとても出来ないとい
う感想がでた。三世代が「がんどう峠」という共通の話題で話し合うことが
できた。後日，上演を参観できなかった地域住民のために「がんどう峠のビ

デオをみる会」を実施した。教職員４名が保護者宅３ヶ所を会場に創作劇の
ビデオ録画を上映し，創作劇の感想や分校の教育，地域の現状についての意
見を聞いた。小中高生も含め各世代の人が集まり，共通の話題で語り合った。
会は，次作に向けての取材にもなった。

③分校の教育と地域の歴史を見つめる契機

　分校は，僻地校に指定されていたので原則２年の勤務で，教職員の入れ替
わりが多かった。そのために，保護者，地域住民とは積極的に語り合える人
間関係を築くまで至れないという課題を抱えていた。地域住民には，教職員
に頼らず自分たちが分校を守ってきたという自負があった。筆者が保護者に
創作劇の提案と舞台道具や衣装の準備を依頼した時も，子どもに演技などで
きるのかという不安の声を聞いた。しかし，創作劇の上演によって，分校に
は，保護者や地域住民から子どもたちの演技力や頑張りをほめる言葉，教職
員へのねぎらいの言葉が多く寄せられた。創作劇活動は，分校の教育への関
心を一気に高めた。

　「がんどう峠のビデオをみる会」を企画したことによって，創作劇の感想
だけでなく子どもの減少が学び合いや競い合いに影響を与えているのではな
いかという不安や進学しても他地域に負けない力をつけてほしいという分校
への要望などを得た。創作劇の上演と語る会の実施，ビデオ録画の上映会は，
地域住民が助け合って生きてきた村の歴史を見つめなおす契機になっただけ
でなく，分校の教育や地域の現状について考える機会になった。

　このように，創作劇活動を通して分校関係者による話し合いが何度も行わ
れ，活動の目標や分校と地域の課題を教職員，保護者，地域住民で共有でき
たと考える。

⑷　課題の追求

①第８作までの活動

　教職員は，研究として実施した創作劇活動が子どもの「表現力」の向上や
「地域を知る」ための有効な手立てであることを認識した。また，分校や地
域の課題を関係者が共有できるという意義を見出した。そして，活動に保護

者が役割をもって加わり，地域住民の協力を得て上演を毎年続けた。教職員
は，創作劇の題材を発掘し，脚本化した。創作劇を重ねる中で上級生が下級
生を指導するなど演じる側の子どもの中に学び合う姿勢が生まれた。

　第4作より，創作劇に関連した学習活動を週1時間「学校創意の時間」と
して教育課程に位置付けた。年度当初から脚本づくりのために地域で昔の出
来事を取材するなど年間を通しての活動にしていった。また，特別活動には，
子どもの「主体性」と「地域を知る」ことを促すために，昔の生活や米作り
などの体験を取り入れた。

表2　第1作〜第8作のタイトルと内容

第1作「がんどう峠」（急病人を担いで峠越え，町まで連れていく）　1982年度
第2作「続，がんどう峠」（出征兵士と残された家族と村人の様子）　1983年度
第3作「ああ，がんどう峠」（製糸工場に行く娘の心情）　1984年度
第4作「巌道峠－久保の夜明け」（戦後のくらし，初めて電灯がともる）
　　　　　　　　　　　　　　　　　　　　　　　　　　　　　　1985年度
第5作「巌道峠－よろこびのうた」（炭焼きと婚礼の様子）　1986年度
第6作「巌道峠－銀色の道」（満蒙開拓団と戦後の水田開発の苦労）　1987年度
第7作「巌道峠－ふれあい賛歌」（大正末の学校生活，養蚕の様子）　1988年度
第8作「巌道峠－明日に向かって」（山村の産業，馬と村人の関わり）
　　　　　　　　　　　　　　　　　　　　　　　　　　　　　　1989年度
※4作〜8作にお年寄りが語り部として特別出演した。

②「巌道峠の実践を考える会」の結成

　創作劇「巌道峠」第1作から第8作に関わった教職員と久保分校に勤務し
ている教職員が，1990年7月28日に「巌道峠の実践を考える会」（会員20名）
を結成した。研究会では，担当した活動での子どもの様子や地域との関わり
などが話題となった。また，持ち寄った当時の資科をみて意見交換も行った。
さらに8年間の創作劇が子どもをどう変えたか，地域住民にどのような影響
を与えたかについても考えを出し合った。

「実践が始まった頃の保護者は，先生に任せるという意識であった。しかし，続けていく中で，積極的に上演に関わり教職員と一緒に劇をつくっていくという意識に変わった。」「地域の人との交流ができたのではないか。」「ねらいが達成されたか地域の人たちや実際に取り組んだ子どもたちの考えを聞いてみる必要がある。」などの意見が出た。

　また，第1作の実践を企画した筆者が事務局になり，1990年末までに8作の脚本と活動をまとめた「実践集」をつくることを決めた。創作劇活動を実践した教職員は，その後も上演を参観して助言したり保護者との交流を続けたりして分校の教育に関わった。

③実践関係者によるふりかえり

　実践集『創作劇巌道峠八年間の教育実践』には，第1作から第8作までの脚本と活動の様子だけでなく教職員の反省や子ども，保護者，地域住民のふりかえり（卒業生5名，保護者会会長2名，協力地域住民1名）も掲載した。成果と課題の要旨は，以下の通りである。

「成果があったこと」

　継続した演劇活動の中で，子どもに表現力が身についてきた。また，地域に関心を持ち知ることで学校や地域に誇りを持つようになってきた。子ども，教職員と地域住民との交流が深まった。保護者，地域住民が活動に関わることで分校の教育への関心が高まった。

「課題となったこと」

　創作劇の題材となる地域であった歴史的な出来事を毎年発掘するのに苦労した。劇の内容を充実しようとすると上演時間が長くなり，活動当初の45分から倍の時間まで延びた。規模が大きくなり，会場がより広い地区公民館で夜の上演となった。そのために会場の設営から，衣装の準備，参観者の接待など保護者が役割を担う部分の負担が大きくなった。また，保護者からは，活動の意義を認めても，教科の学習は大丈夫かといった意見も出た。

④善いものを追求すること

　第1作の活動を通して分校や地域の課題を共有できたことで，第8作まで毎年新たな地域の歴史を題材とした活動を続けた。そこでは，創作劇の充実

を図り，関連する学習も実施した。また，保護者の支援体制も整った。子どもの学びを「いかに善いものにしていけるか」という課題の追求を図った[7]。教職員は，教育研究会等で実践を報告し，高い評価を得た。また，保護者は，活動を各種会合で発表し，表彰も受けた。これによって活動に対する村内外からの期待も高まった。

　「善いものを追求すること」を可能にした理由は，教職員と保護者それぞれにあったと考えている。まず，教職員は，教頭が中心になり，脚本や指導の方法について協議を重ねた。また活動後は，関係者の意見や教職員によるふりかえりから活動の課題を明らかにし，次年度に向けての改善策をまとめて関係者に示した。次に，保護者も創作劇活動を大切にした。年度当初の教職員との会合で分校側に創作劇活動の内容を確認し，保護者会の役員を中心に保護者が担う役割を話し合った。そして，活動した内容や反省を次年度に引き継いだ。教職員と保護者それぞれが善いものを追求する体制を整えた。

⑸　活動の持続
①新たな実践の形態（第９作目より）

　久保分校の創作劇活動を県内のメディアが度々取りあげた。上演の時に毎回行うアンケートの結果では，分校と地域を誇りに思う地域住民が多くなったことがあらわれていた。その一方で教職員も保護者も，村内外の期待の中で負担が増えていった。前任から第９作の活動を引き継いだ教職員は，保護者の声を聞く中でこのままの形で続けることに難しさを感じた。「実践を考える会」にも相談をかけた。その結果，創作劇が８作で地域の歴史をカバーできているので新たな脚本をつくらなくても，８作分の脚本があれば創作劇による子どもの学びを６年間つくることはできる。今までの脚本をもとにしてその年の劇をつくれば教職員や子ども，保護者の負担が減るという考え方に至った。そして，保護者に今後の活動のビジョンを提案して，了承を得て新たな形態で継続していくことにした。

　第９作目からは，地域とともにつくる総合的な文化行事「久保っ子まつり」の中で行うことになった。保護者との合唱，お年寄りの話，住民の作品

展示も行う形態に変わった。

表３　第９作〜第17作のタイトルと内容

第９作「巌道峠−生きる」（病人や荷物を運ぶ峠の厳しさ−１作より）

　　　　　　　　　　　　　　　　　　　　　　　　　　　　　　1990年度

第10作「巌道峠−きずな」（長野の製糸工場に行く娘−３作より）　　1991年度

第11作「がんどうとうげ−ちかい」（戦争に行く若者−２作より）　　1992年度

第12作「がんどうとうげ−明日への夜明け」（電灯がともる−４作より）

　　　　　　　　　　　　　　　　　　　　　　　　　　　　　　1993年度

第13作「がんどうとうげ−よろこびのうた」（村の結婚式−５作より）

　　　　　　　　　　　　　　　　　　　　　　　　　　　　　　1994年度

第14作「がんどうとうげ−銀色の道」（水道ができる−６作より）　　1995年度

第15作「がんどうとうげ−明日に向かって」（村の生活−８作より）　1996年度

第16作「ああ巌道峠−きずな」（村人の絆−全作のまとめ）　　　　　1997年度

第17作「巌道峠−道」（自動車の道ができた−全作のふりかえり）　　1998年度

　　　　　　　※1998年度末に分校が閉校になり，実践も終了した。

②持続するための方策

　教職員と保護者で創作劇活動の目標を共有できたので，「いかに善いもの
にしていけるか」という課題の追求ができた。それによって子どもの学び合
いを喚起し，創作劇活動に対する村内外からの評価も得た。しかし，教職員
や保護者の負担が増えたという課題に直面した。教職員は，課題を克服する
ために勤務経験者と協議したり，新たな方策を検討したりして改善策を保護
者に提示した。そして，新たな形態での活動に保護者，さらに地域住民も意
義を見出したので，その後も持続できたと考える。この改善策を提示，実行
するまでの過程が教職員による「マネジメント」であった。

③学びをつくる連携・協働の意義

　閉校になる年の第17作を担当した教職員は，「子どもたちは，上級生の取
り組む姿勢を学び，身につけ，より素晴らしい成果を引き継ぐことを繰り返

してきた。」と小学校の統合記念誌で語っている。これは，当初の教育課題
である「主体性」と「表現力」，「地域を知る」ことへの取組の結果で，学び
を支えた教職員と保護者の組織的・継続的な活動によって実現できたと考え
る。1年生で創作劇活動を初めて体験し，学年が進むごとに台詞が増え，下
級生を教える立場になり，6年生では全校児童をまとめ，主役を務めた[8]。
学びは，創作劇活動にとどまらず地域の歴史や生活の取材，農業体験まで及
んだ。教職員と保護者は，この学びをつくるためにそれぞれの役割を果たし
た。地域住民も地域内でこの学びを支援した。教職員と保護者には，子ども
の学びをつくる中でパートナーシップが育まれ，新たな創作劇活動での連
携・協働につながっていったと考える。関係者への調査[9]で，子どもが学ん
だことは，中学生になって演劇や地域学習に生かされた。また，久保分校の
跡地で行われている地区伝統行事の運営に卒業生が村外から駆けつけるとい
う証言を得た。卒業後の子どもの学びや地域への思いから，学校関係者が連
携・協働する意義をみてとれた。

3．考察

(1) 共有，追求，持続で明らかになったこと

事例を検討する指針として共有，追求，持続を設定し，各位相においてど
のような「発想」で教職員と保護者，さらに地域住民がつながり，活動を
行ったかを明らかにした。

「目標の共有」（第1作）では，教職員が創作劇活動という新しい提案をし
た。保護者は，不安もあったが「子どものためなら協力する」という思いで
受け入れた。教職員との活動の中で目標を共有した。さらに，「語る会」で
分校や地域の課題を地域全体で共有した。

「課題の追求」（第8作まで）では，教職員と保護者が共に活動することで
協働の関係が強まっていった。地域住民の中に「子どものために協力する」
という意識が醸成された。善いものを追求する体制が整い活動した。子ども
の学び合いが育まれた。

「活動の持続」（第17作まで）では，善いと思って活動をマネジメントして

いても，続けていると課題がでた。教職員から「子どものために続ける」という考えで見直しを提案した。保護者がそれに応え，新たな活動に至り持続できた。

　各位相の取組から，事例では，学校関係者が「子どものため」という発想でそれぞれの活動をつくり，つながっていた。また，連携・協働は，発展的な過程をたどっていた。

(2)　連携・協働を「学び」の視点から問い直す

　2015年12月の答申で示された「学校と地域が対等性・双方向性のあるパートナーとして，連携・協働を確立する」を子どもの学びをつくるという視点から問い直した。

　学校と地域が対等性・双方向性のあるパートナーとなることは，役割が違っても教育の当事者として同じ立場で共に活動することであり，連携・協働のために必要である。事例でも教職員が主体になり，保護者と共に活動するパートナーシップを醸成していた。また，子どもの学びをつくるという学校教育の目的を両者が共有していた。このことから，学校教育に関する連携・協働の確立には，学校と地域が「共に学びをつくる」という視点が重要であり，教育の当事者としての関係を積極的につくっていく必要がある。

(3)「地域とともにある学校」の創造に向けて

　事例で明らかになった知見を**図1**にまとめた。また，「地域とともにある学校」の創造に向けて留意すべきこととして，以下のことを指摘したい。まず，学校が地域全体をまとめる役割を担う必要がある。また，共に子ど

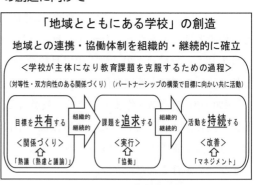

図1　連携・協働の過程

もの学びをつくるという視点が学校関係者の当事者意識を醸成し，円滑な運営を可能にする。さらに，教育課題に取り組む過程においては，学校からの教育ビジョンの提示や教育情報の提供が課題の共有と克服を促し，連携・協働体制を強化する。

　本稿では，子どもや地域の現実と向き合い，課題を克服するために保護者，地域住民と連携・協働した教職員の発想を考察した。その成果を現在の学校が抱える連携・協働の課題を克服する手立てに活用していきたい。

[キーワード]

　地域とともにある学校（community school），連携・協働（coordination and cooperation），創作劇（creative drama），厳道峠（Gandoutouge）

〈注〉

⑴　文部科学省学校運営の改善の在り方等に関する調査研究協力者会議報告（2011年7月5日）「子どもの豊かな学びを創造し，地域の絆をつなぐ ～地域とともにある学校づくりの推進方策～」1-22頁。https://www.mext.go.jp/component/b_menu/shingi/toushin/__icsFiles/afieldfile/2011/07/06/1307985_1_1.pdf（最終アクセス2020.5.25）

⑵　中央教育審議会答申（2015年12月21日）「新しい時代の教育や地方創生の実現に向けた学校と地域の連携・協働の在り方と今後の推進方策について」44-50頁。https://www.mext.go.jp/b_menu/shingi/chukyo/chukyo0/toushin/__icsFiles/afieldfile/2016/01/05/1365791_1.pdf（最終アクセス2020.5.25）

⑶　前掲⑴報告，4-7頁に具体的内容が示してある。

⑷　学校運営協議会については，仲田（2015），大林（2015），佐藤（2017）らによって学校運営への参画と学校教育への支援という二つの視点から課題の指摘がなされている。

⑸　文部科学省は，推進フォーラムの開催や参考事例集の発行で実践を啓発している。https://www.mext.go.jp/a_menu/shotou/community/school/index.htm（最終アクセ2020.5.25）

⑹　教職員がまとめた『創作劇厳道峠八年間の教育実践』は，第9作からの活動や2011年から4年間道志中学校で新たな「創作劇厳道峠」を上演した際にも活用された。https://www.pref.yamanashi.jp/kyoiku-ft/documents/25f3-1doushityu.pdf（最終アクセス2020.5.25）

⑺　山下（2017）は，学校と地域の関係について，最初から「善いもの」と決め
　つけるのではなく，様々な理論的ないし実践的な論点や問題に直面・格闘しな
　がら「いかに善いものにしていけるか」という課題として受けとめることが重
　要であると指摘する。

⑻　17年間で児童71名（のべ337名，年度平均19.8名）が出演した。教職員の勤務
　者は，34名であった。（道志中学校も含めた21年間では，さらに多くの人が関
　わった。）

⑼　2018年8月に道志村で実践の関係者に聞き取りの調査（元教諭1名，元保護
　者4名）及び質問紙による調査（卒業生3名）を実施した。道志中学校に進学
　しての様子，実践のふりかえりや地域への思いなど具体的な証言を得た。

〈引用・参考文献〉

道志村教育協議会，1999『道志村小学校統合記念誌』レオプリント社，1-36頁。

巌道峠の実践を考える会，1990『創作劇巌道峠八年間の教育実践』1-47頁。

仲田康一，2015『コミュニティ・スクールのポリティクス　学校運営協議会にお
　ける保護者の位置』勁草書房，46-51，256頁。

大林正史，2015『学校運営協議会の導入による学校教育の改善過程に関する研究』
　大学教育出版，1-10，149-162頁。

佐藤晴雄，2017『コミュニティ・スクールの成果と展望－スクール・ガバナンス
　とソーシャル・キャピタルとしての役割－』ミネルヴァ書房，267-285頁。

山下晃一，2017「＜学校と地域＞の関係を問い直すための予備的考察」『教育経営
　論』学文社，43-63頁。

笑いとマインドフルネスによる
レジリエンス育成プログラムの実践と成果

上越教育大学　**田島　弘司**

1．研究の背景と目的

　世界情勢の不安定化，地球温暖化等による自然災害の増大，日本社会の急激な少子高齢化，格差の拡大，人生100年時代の到来，人工知能・ロボット等の導入による人の仕事の減少など，これまで日本人が経験したことのない時代を迎えつつあり，今後日本人は非常に多くの困難を乗り越えて生き抜いていかねばならなくなる可能性が高い。こうした困難な時代を生き抜くための人間力を育成することが学校に求められている。

　文部科学省の「情報の科学的解明と教育等への応用に関する調査研究協力者会議」が2014年に出した「審議まとめ」において，「現代社会におけるストレスとの関連性から多くの考察と対応策が提案されてきた一方で，極めて困難な状況下において，この困難を克服し，やがて，大きな成長を遂げる子供や若者達がいることにも研究者の目が向けられた」と述べられ，こうした子供や若者達が持つ能力として「レジリエンス」を挙げている。そして，このレジリエンスについて「このようなストレス場面から心理的に回復する能力はレジリエンスと呼ばれ，心理学者や教育学者の重要な研究対象となり，情動の安定化とレジリエンスの養成を目標とした教育手法の開発へと応用が進んでいる」と述べている。また同書において，これまでの研究成果として「発達の段階にある脳が慢性のストレス下（虐待など）におかれると不可逆的な構造的・機能的変化が生じることなどが明らかにされてきた」ことや「欧米を中心に行われた疫学調査により，子供の情動が危機的状況にあり，

情動反応を示しやすい心の病等（うつ病，不安性障害及び摂食障害，自閉症スペクトラム等）が著しい増加傾向にあることが広く認識されるようになった」ことなどが挙げられている。

　原（2013）は，学校教育活動でのレジリエンス教育についての先行研究を概観し，「レジリエンスは，肯定的な自己感，主体性，他者との温かな情緒交流をともなった関係性，楽観性が相互作用的に働き，日常生活で育まれることが判った」とまとめた。しかし，学校においてレジリエンスを育てる教育を実践する上での課題として，池田ら（2018）は「レジリエンスのコンセプトが魅力的なものにもかかわらず，学校で苦戦する子供に役立つ支援を提供するまでには至っていないのが実情である」ことを指摘し，この課題を解決するために，「レジリエンスが日本で広がりを見せて20年近く経過し，引き続きレジリエンスの姿を明確に示すことや子供の発達支援に役立たせるための具体的な支援のあり方について検討することが求められている」と述べている。また，「レジリエンスの学校教育適用への展望」の中で，具体的な支援の特徴の一つとして「ポジティブな感情を起こさせるためのコミュニケーションがベースにあること」を挙げた。学校ではないが，会社において，「職場の集団としてのポジティブな感情状態が，チームのレジリエンスの形成につながり，それを通じてパフォーマンスに良い影響を与えることなどが示されている」と島井・津田（2017）は記している。

　2016年に広島県教育委員会が実施した比較的規模が大きい調査研究「小学校におけるレジリエンスを育成する学習プログラムの開発」では，成果として，①児童を対象とした実態調査を実施したことにより，レジリエンス育成の必要性を確認することができた，②レジリエンス調査に対する広島県内の３市町の第６学年児童1332人の回答のうち，無記入等を除く有効回答1244について因子分析を行った結果，抽出された４因子のうち「感情調整」に係わる因子が低い（他の因子は平均値4.0以上だが，「感情調整」は3.43）ことが分かった，などが挙げられている。

　以上から，学校の子供のレジリエンスを育成するために，「感情調整に関わる能力を高め，ネガティブな認識を改善し，ポジティブな感情状態にして

いく」ことが有効な方法の一つであると考えられる。

　この感情調整に関わる能力を高める方法として，筆者が長年個人的に実践し，さらに数多くの講演会や研修会で指導を行ってきて，その効果を実感している笑いヨガ（笑いの健康法）とマインドフルネス（科学的瞑想法）を採用することとした。笑いとマインドフルネスに関わる数多くの先行研究において，ストレスの低減，不安や抑うつなどのネガティブな感情の低下，安心や喜びなどポジティブな感情の増大などが共通する効果として挙げられている。ただし，マインドフルネスを活用したレジリエンスの育成に関する研究は多数あるが，笑いを活用したものはそれほど多くはない。さらに，笑いとマインドフルネスを併用したレジリエンスの育成に関する研究は管見の限り見当たらない。

　笑いとマインドフルネスによるレジリエンス育成プログラムを開発するに当たって，現在の学校現場の多忙な状況を十分考慮し，教師や子供の負担が最小限になるように配慮し，毎日継続して実践できるように工夫した「笑いとマインドフルネスによるレジリエンス育成の１分間プログラム」を開発した。

　開発したプログラムの有効性を検証するために，地元の小学校の協力を得てプログラムの実践を行った。

　よって，本研究の目的は，開発したプログラムを学校で実践し，その有効性を検証することである。

2．笑いとマインドフルネスによるレジリエンス育成の１分間プログラム

⑴　笑いヨガ（笑いの健康法）とレジリエンスに関わる笑いの効果

　紙幅の関係で詳細は省くが，笑いヨガとは，冗談，ユーモア，コメディなどに頼らず，理由なく誰もが笑うことができるようにしたエクササイズで，1995年にインド人内科医のマダン・カタリアによって笑いの健康法として開発されたものである。

　先述のとおり，レジリエンスを育成するために「感情調整に関わる能力を

高め，ネガティブな認識を改善し，ポジティブな感情状態にしていく」ことが有効であることが分かった。ここでは，笑いの効果の中から「感情調整」に関わる効果を中心に述べることにする。

笑いヨガの効果について，橋元（2015）は，「不随意的笑い（自然な笑い）も随意的笑い（笑いヨガ）も同様に状態不安の低減と自尊感情を高めること」を明らかにした。また，金子ら（2016）は，定期的に行った笑いヨガの効果を調べ，「POMS調査の結果，４回の笑いヨガを前後比較すると『不安－緊張』『抑うつ－落ち込み』『怒り－敵意』『活気』『疲労』『混乱』は良好に変化した」と述べた。さらに，Laughter Yoga International（2007）は，笑いヨガセッション参加者（ＩＴ企業の技術者）に，血圧の低下，ストレスレベルの低下を示すコルチゾールの減少，ストレスの知覚の低下，ポジティブな感情の増加，ネガティブな感情の減少が見られることを明らかにした。

以上から，笑いには「感情調整に関わる能力を高め，ネガティブな認識を改善し，ポジティブな感情状態にしていく」働きがあり，これによってレジリエンスが育成されると考えられる。

⑵　マインドフルネス（科学的瞑想法）とレジリエンスに関わるマインドフルネスの効果

久賀谷（2017）は，「マインドルフネスの起源は原始仏教にあると言われていますが，その宗教性は徹底的に削ぎ落とされています。東洋の思想や瞑想法のうち，現代人に役立つエッセンスだけを抽出したスキル－それがマインドルスネスなのです」と述べている。

オランダの学校で実際に行われているプログラムについて書かれた本の中で，スネル（2015）は，その効果について「以前よりクラスの雰囲気が静かで，落ち着き，オープンになり，よりよい方向へと変わっていきました。子どもは，自分の友だちにもやさしくなり，自信もつき，価値判断を入れることも減っていったのです」と述べている。現在はオランダだけでなく，米国や英国などの先進諸国の学校でも導入が進んでいる。

芦谷ら（2017）は，近年世界で注目されている新たな心理教育アプローチ

の一つが「マインドフルネス」の教育への応用であると述べ，「適応的で衝動性の低い子どもたちが，不眠やストレス，不安，心配，悲しみ，落ち込みを抱える状況に対処できる何らかの方法を求めている」ことを示し，その方法こそがマインドフルネスであると考えた。ただし，不適応的で衝動性の高い子供は効果を感じず使用を望まない傾向が見られた。ここに笑いを併用する意義があると考えられる。なぜなら，筆者のこれまでの実践経験から，不適応的で衝動性の高い子供も笑いヨガに喜んで参加し楽しむ姿が見られ，最後のリラクゼーションとしての呼吸法やマインドフルネスにも落ちついて参加する姿が多く見られたからである。

　村井（2013）は，「マインドフルネスや注意訓練をすることによってモニタリングしながら行動するという感覚統合や情動調節の脳機能が改善され，原始的な回路の亢進を防ぐことができる」と考えた。これはマインドルフネスによって，セルフコントロール能力が向上し衝動的な感情や言動を抑制できるようなることを意味している。

　以上から，マインドフルネスには「感情調整に関わる能力を高め，ネガティブな認識を改善し，ポジティブな感情状態にしていく」働きがあり，これによってレジリエンスが育成されると考えられる。

⑶　笑いとマインドフルネスによるレジリエンス育成の１分間プログラム

　笑いとマインドフルネスの１分間プログラムを前半と後半に分けて解説する。

＜前半30秒の笑い＞

　笑いは机の横に立って実施する。両腕を斜め横に広げて胸を開く深呼吸の動作をしながら息を吸った後，両腕を体側に戻しつつ息を吐きながら「ハハハハ」と軽く笑う。これを３回（約15秒）繰り返した後，「ホッホッ　ハハハ」と声を出しながら笑いヨガの手拍子を３回（約10秒）繰り返す。最後に「イエー」と声を出して両腕を斜め上に挙げてバンザイの姿勢を取り自由に５秒ほど笑う。慣れてきたら近くにいる人とハイタッチをしながら笑う。

　笑いヨガの手拍子は，言葉で説明するのは少し難しいので，できれば

YouTube等で公開されている笑いヨガの動画を見ていただくといいが，１回目は，まず「ホッホッ」と言いながら胸の前で２回手を叩き，次に右肩の前あたりに手を挙げて「ハハハ」と言いながら３回手を叩く。２回目は，まず「ホッホッ」と言いながら胸の前で２回手を叩き，次に左肩の前あたりに手を挙げてから「ハハハ」と言いながら３回手を叩く。３回目は，１回目と同じ動作を繰り返す。

＜後半30秒のマインドフルネス＞

　瞑想講師の吉田（2016）は，『１分間瞑想法』で，瞑想の効果について「日常生活において，歯磨きなどと同じレベルに習慣に落とし込むことで，初めて効果が表れます」と述べている。吉田が１分間瞑想法の基本として最初に挙げているのが，「ハミング瞑想」である。解説には，「声を出すことで，自然とゆったり息が吐けるようになります。雑念が浮かびにくくなるため，初心者にもオススメです」と記されている。笑いヨガでも笑った後のリラクゼーションとしてハミング瞑想を行うことが多い。筆者は，座禅を約30年間，ハミング瞑想を約10年間実践してきたが，座禅もハミング瞑想もスタートして数秒で瞑想状態に入ることができるようになった。そのため，瞑想はたとえ１回の時間が短くても，日常生活の中で継続し繰り返すことによって瞑想状態に入りやすくなっていくことを経験的に知っている。巨大IT企業のグーグル社でマインドフルネスの研修プログラムを開発したタン（2016）は，「最初のひと呼吸からJOYは始まる」と述べている。JOYとは，マインドフルな心の状態のことである。さらに，「マインドフルな呼吸をする習慣をつくる」ために日常生活の中で「何か『きっかけ』を決めておいて，それが起きたときにはマインドフルなひと呼吸をすることを習慣にしよう」と勧めている。このことからもマインドフルネスがマインドフルな心の状態を目指すものであり，そうしたマインドフルな心の状態を習得するためには，短い時間でも日常的に繰り返すことによって習慣化することが重要であることが分かる。よって，時間は短いが簡便で繰り返しが容易なハミング瞑想を後半の30秒で実施することとした。

　ハミング瞑想は椅子に座り姿勢を正して目をつぶって実施する。まず鼻か

ら息を吸い，吸いきったらできるだけゆっくり鼻から息を吐きながら鼻声（ハミング）を出し続ける。息が切れたらもう一度息を吸って同じ動作を繰り返す。これを30秒間続ける。30秒経っても終わっていない場合は，息が切れるまで続けて終わるようにする。

3．研究対象と研究方法

(1)　研究対象校

研究対象校は，A県B市の市立のC小学校で，各学年1クラスの小規模校である。選定の理由は，昨年，筆者が全校児童と保護者を対象とした笑いヨガの講演会をC小学校で実施し好評を得たことで，開発したプログラムの実践と効果の検証を依頼しやすかったことである。なお，本研究のための調査は，校長の同意を得た後に実施したものである。

(2)　研究対象者

当初，アンケート調査を実施する対象者を4・5・6年生及び各学年担任教員とした。その後，3年生も自主的に実践していることが分かり研究対象に加えることにしたが，事前アンケートは取れなかったので統計処理（量的調査）の対象者にはなっていない。また，各学年担任教員は，事後・追跡の自由記述形式のアンケートのみ実施した。なお，各学年の人数は，3年生9人，4年生9人，5年生12人，6年生13人である。

(3)　研究方法

先述した2016年に広島県教育委員会が実施した比較的規模が大きい調査研究「小学校におけるレジリエンスを育成する学習プログラムの開発」において使用されたアンケート調査の質問紙（6年生対象）のレジリエンス尺度21項目の語彙をより易しい語彙に変更したりルビを振ったりすることによって，4・5年生にも簡単に読めるようにした。また，質問紙は5段階評定尺度法で作成した。

C小学校の4・5・6年生に対して，レジリエンス尺度21項目のアンケー

ト調査を１分間プログラムの実施前と実施後に行った。３年生には実施後と
その約３か月後に行った。３年生だけが実施期間を過ぎてから約１か月半続
けていた。その事実を知ったのが約２か月半後であったことからアンケート
の実施が約３か月後となった。

⑷　調査期間

・調査実施期間：2019年10月から2020年２月まで
・１分間プログラム実践期間（４・５・６年生）：2019年10月８日から11月
　８日まで
・１分間プログラム実践期間（３年生）：2019年10月８日から12月24日まで
・事前アンケート実施日（４・５・６年生）：2019年10月８日
・事後アンケート実施日（３・４・５・６年生）：2019年11月８日
・追跡アンケート実施日（３年生）：2019年２月7日

４．アンケート調査の結果と分析

　４・５・６年生34人の回答について因子分析を行い，15項目４因子が抽出
された。因子分析には「エクセル統計」を使用し，プロマックス回転を施し
た。なお，尺度21項目の平均値，標準偏差を算出した結果，項目３，４，９，
10，12，13に天井効果が見られたため，これら６項目を因子分析から除外し
た。次に残りの15項目に対して最尤法による因子分析を行った。固有値の変
化は，6.2266，1.7255，0.9143，0.8987であり，因子負荷が一つの因子につい
て0.5以上の項目を選出し，４因子が抽出された。それぞれの因子ごとに α
係数を用いて信頼性を検討したところ，第１因子が0.8742，第２因子が0.4738，
第３因子が0.7247，第４因子が0.1962であった。よって，第２因子と第４因
子を除き，残った２因子を第１因子と第２因子とした。広島県教育委員会が
命名した因子を参考にして，各因子を構成する質問項目の傾向から，第１因
子を「感情調整」，第２因子を「未来志向」と命名した。質問紙の質問項目
と因子負荷量を表１に示す。

表1　因子分析の結果

因子	No.	質問項目	逆転項目	因子負荷量	
				因子1	因子2
第1因子 感情調整	2	自分の感情をコントロールできるほうだ		0.754	-0.0831
	5	不安になっても，自分をおちつかせることができる		0.740	-0.0113
	17	つらいことがあるとたえられない	●	0.7306	-0.0643
	6	これからの人生は明るいと思う		0.7098	0.0877
	19	その日の気分によって行動がかわりやすい	●	0.5885	0.1887
	20	あきっぽいほうだと思う	●	0.5823	0.3955
	14	気持ちのきりかえがうまくできないほうだ	●	0.5052	-0.0188
第2因子 未来志向	8	いつもおちついていられるように気をつけている		0.2519	0.6647
	15	自分の目標のためにがんばっている		-0.0505	0.6480
	7	ものごとへの興味や関心が強いほうだ		-0.2194	0.5715

　「感情調整」，「未来志向」における事前・事後アンケートでの変化と関係性を明らかにするために「感情調整」，「未来志向」の事前・事後の一元分散分析を行った。事前・事後アンケートにおける各因子を構成する項目の得点平均値と標準偏差，分析結果を算出した結果を**表2**に示す。

表2　各因子の平均値・標準偏差と分散分析の結果

	事前調査		事後調査		分析結果	
	N=34		N=34			
	M	SD	M	SD	F	p
感情調整	3.63	.259	3.76	.229	5.65	†
未来志向	4.01	.151	4.03	.385	.01	n.s.
	†p < .10		*p < .05		**p < .01	

　分散分析の結果，「感情調整」については被験者内効果検定において，1分間プログラムの実施前後における効果に有意傾向が見られた（$F(1,12)$ =5.65, $p<.10$）。本実践における「感情調整」への効果は認められた。なお，p値は.0549で有意水準5％に近い数値であった。

「未来志向」については被験者内検定において，１分間プログラムの実施前後における有意差は見られなかった（F $(1,4)$ $= .01$, *n.s.*）。本実践における「未来志向」への効果は認められなかった。

10％水準の有意傾向を示した「感情調整」因子は，七つ全ての質問項目が「感情調整に関わる能力」に関連する項目であり，「感情調整」因子は１分間プログラムの主たる目標である「感情調整に関わる能力を高め，ネガティブな認識を改善し，ポジティブな感情状態にしていく」に強く関連があると考えられる。

各因子は，**表３**に示されるとおり因子の相関行列での「感情調整」因子と「未来志向」の因子間相関が.336であり，正の相関が認められた。

表３　各因子の相関行列

因子名	感情調整	未来志向
感情調整	1.000	.336
未来志向	.336	1.000

以上から，今回開発した「笑いとマインドフルネスによるレジリエンス育成の１分間プログラム」は，「感情調整に関わる能力を高め，ネガティブな認識を改善し，ポジティブな感情状態にしていく」効果があったと考えられる。ただし，今回の研究対象校が小規模校であったため，同じ学年で１分間プログラムを実施しない統制群のクラスを設定することができなかった。そのため，今回確認された効果に対する他の学校行事等の影響を排除できていない。ただし，広島県教育委員会（2016）は，実施した調査結果に基づいて「『感情調整』が低いことから，ネガティブ感情から抜け出すことを指導する必要があると考える。一方で，学級担任の捉えを踏まえると，児童のレジリエンスの基礎づくりであるレジリエンス・マッスルを鍛えることも必要であると考える」と述べており，それがレジリエンスを育成する学習プログラム開発の必要性の根拠となっている。よって，通常の学校行事では，「感情調整」に関わる能力を高めることはあまり期待できないため，他の学校行事の影響は排除できる可能性が示唆されていると考えられる。

紙幅の関係で，事後アンケート及び追跡アンケートのみで行った自由記述

形式の質問に対する回答に関しては詳細を示すことはできないが，その一部のみを以下に記す。

①1分間プログラムを1か月続けてよかったこと

　＜教員＞「朝，疲れたような眠そうな表情の子でも自然に笑えていました」，「楽しく取り組んでいた」，「続けるうちに抵抗がなくなった」，「児童同士や教師対児童のコミュニケーションの機会となりました」

　＜子供＞「1日が楽しくなった」，「少し感情がコントロールできるようになった」，「今までねないとなおらないイライラがどんなイライラでも30分もすればなくなる」，「きもちのきりかえが早くなった」，「あまりおこらなくなった」

②1分間プログラムを続けて子供（自分）が変わったこと

　＜教員＞「落ち着いて授業をはじめられる感じがした」，「特に変化は見られない」，「私が忘れていると，声をかけてくれる子がいた」

　＜子供＞「きりかえがよくできるようになった」，「笑顔が増えた」，「少しだけ明るくなったような気がする」，「あまり変わらなかった」，「友だちともっともっとなかよくなった」，「イライラしたときに，「まあいっか」と，思えるようになりました」

　以上からも，教員にも子供にも1分間プログラムを続けたことによる改善や変化を評価する回答があり，その中でも特に子供の回答に「感情調整」に関わる改善や変化についての回答が多く見られるため，今回開発した「笑いとマインドフルネスによるレジリエンス育成の1分間プログラム」は，「感情調整に関わる能力を高め，ネガティブな認識を改善し，ポジティブな感情状態にしていく」効果があったと考えられる。なお，「笑いとマインドフルネスを併用する効果」については，今回詳しく調査し分析することはできなかったが，一般的にマインドフルネスを実践することが難しいと考えられている特別支援学級に所属する子供が他の子供と一緒に「1分間プログラム」を問題なく実践できたことから，併用の効果はある程度あったと考えられる。

5. 研究の成果と今後の課題

　本研究の目的は，「開発したプログラムを学校で実践し，その有効性を検証すること」であった。実践を行った小学校が小規模校であったため１分間プログラムを実践しない統制群のクラスを設定できなかった。そのため，他の学校行事等の影響を排除できないという制約はあるが，事前・事後アンケートの分散分析の結果から効果が認められた。また，自由記述の回答からも効果があったと考えられる。よって，目的は概ね達成されたと考える。

　今後の課題は，１分間プログラムを実践しない統制群のクラスを設定できる規模の学校を研究対象校とした調査を実施し，より厳密に有効性を検証することである。

[キーワード]

　レジリエンス（Resilience），感情調整（Adjustment of emotion），１分間プログラム（1 minute program），笑い（Laughter），マインドフルネス（Mindfulness）

〈引用文献〉

芦谷道子ほか（2017）「マインドフルネス・プログラムによる小学生に対する心理教育アプローチ」『滋賀大学教育学部紀要No. 67』p. 118

池田誠喜ほか（2018）「レジリエンスと関連する心理学的概念の特徴と学校教育への適用」『鳴門教育大学研究紀要第33巻』p. 184

エリーン・スネル，出村佳子（訳）（2015）『親と子どものためのマインドフルネス－１日３分！「くらべない子育て」でクリエイティブな脳とこころを育てる－』サンガ p. 37

金子夕貴ほか（2016）「定期的に行った笑いヨガの身体的・精神的効果」『山口県立大学学術情報第９号』p. 25

久賀谷亮（2017）『脳疲労が消える最高の休息法－脳科学×瞑想聞くだけマインドフルネス入門－』ダイヤモンド社 p. 24

島井哲志・津田恭充（2017）「ポジティブ心理学からみたレジリエンス　幸福と健康を増進するために」『臨床心理学 第17巻第５号』p. 679

チャディー・メン・タン，高橋則明（訳）（2016）『たった一呼吸から幸せになる
　マインドフルネス　JOY ON DEMAND』NHK出版 pp. 74-96
橋元慶男（2015）「笑いヨガが状態不安および自尊感情に及ぼす影響に関する研究」
　『鈴鹿医療科学大学紀要21巻』p. 31
原美香（2013）「学校教育におけるレジリエンス育成」『教職研究23巻』p. 11
広島県教育委員会（2016）「小学校におけるレジリエンスを育成する学習プログラ
　ムの開発－１年間を通した学習プログラムの作成・実施を通して」pp. 124-125
村井佳比子（2013）「衝動的行動に対するセルフモニタリングの効果」『日本大学
　大学院総合社会情報研究科紀要No.14』p. 131
文部科学省（2014）「情動の科学的解明と教育等への応用に関する調査研究協力者
　会議　審議のまとめ」p. 1
吉田昌生（2016）『１分間瞑想法』フォレスト出版 p. 40
Laughter Yoga International.（2007）. Efficacy of Laughter Yoga on IT
　Professionals to Overcome Professional Stress. pp. 43-44

カリキュラム・マネジメントによる社会科と 総合的な学習の時間における合科的な郷土学習

―持続可能な社会の創り手としての資質・能力の視点での一考察―

開智国際大学教育学部　**冨田　俊幸**

１．問題の所在と研究の背景

　2017年３月に改訂された学習指導要領が目指す理念である社会に開かれた教育課程を実現するためには，教育課程全体を通した取組を通じて，教科横断的な視点から教育活動の改善を行っていくことや，学校全体としての取組を通じて，教科等や学年を越えた組織運営の改善を行っていくカリキュラム・マネジメントが求められている。また，自分のよさや可能性を認識するとともに，あらゆる他者を価値のある存在として尊重し，多様な人々と協働しながら様々な社会的変化を乗り越え，豊かな人生を切り拓き，持続可能な社会の創り手の育成が求められている。

　茨城県A市では，小学１年から中学３年までの９年間にわたる郷土学習を展開している。学年ごとに指導計画を作成し，総合的な学習の時間や裁量の時間などを活用して進めている。学習のねらいは，「A市の歴史や文化を学び，郷土に対する愛着や誇りを育むこと」と「強い郷土愛を基盤として，A市の発展を願い，将来のA市を設計したり，『ふるさと再生』を進めたりする態度を養う」である。そこで，小学３年の社会科と郷土学習のそれぞれの年間指導計画をもとに合科的な学習過程をカリキュラム・マネジメントすることで，より効果的な学習展開を目指した。本稿では，社会に開かれた教育課程の実現を目指したカリキュラム・マネジメントによる小学３年の社会科と総合的な学習の時間の合科的な学習過程での実践を報告する。

２．先行研究

　藤井（1996）は，社会科と総合的学習の関連については，合科的指導の成果と総合的学習の関連について指摘している。1998年に改訂された学習指導要領では，「合科的・関連的な指導」が全学年において勧められており，大畑（1999）は，小学校における社会科との関連を意図した総合的な学習の時間の先行授業実践について，分析をしている。また，山根（2001）は，社会科は本来，総合的な学習の性格を持っており，初期社会科のもっていた総合的性格を回復しようとしていると指摘している。山田・都築（2014）は，合科的指導を教育論，教育内容論，教材論の教科学的視点から問い直し，実践研究を検討していく必要があると指摘している。

　本研究では，2017年に改訂された学習指導要領を基盤に合科的・関連的指導の実践と学習効果の分析をする。教育内容論として，基礎的・基本的な学習事項を社会科で，探究的な内容を総合的な学習の時間で取り扱い，教育論として持続可能な社会の創り手としての「資質・能力」の育成を，教材論としてカリキュラム・マネジメントによる教科横断的な教育課程の構築を目指すものである。

３．研究のねらい

　本研究では，社会に開かれた教育課程の実現を目指し，カリキュラム・マネジメントの工夫を通して，小学３年の社会科と総合的な学習の時間において合科的な学習過程を構築し，持続可能な社会の創り手として，将来に必要な資質・能力を基に調査分析する。

４．研究の内容

4.1　基本的な考え方

① 「何を教えるか」から「何ができるようになるか」へ

　2016年の幼稚園，小学校，中学校，高等学校及び特別支援学校の学習指導要領等の改善及び必要な方策等について（答申）では，これまでの学習指導

要領は「何を教えるか」が中心となっていて，「何ができるようになるか」という観点が足りないと指摘している。本研究では「何ができるようになるのか」という観点で，育成を目指す資質・能力を整理し，「何を学ぶか」という指導内容を検討し，「何が身に付いたか」を調査分析する。

② **育成すべき資質・能力について**

2017年3月に改訂された学習指導要領における「育成すべき資質・能力」は，「何を理解しているか・何ができるか（知識・技能）」，「理解していること・できることをどう使うか（思考力・判断力・表現力等）」，「どのように社会・世界と関わり，よりよい人生を送るか（学びに向かう力・人間性等）」である。社会科並びに総合的な学習の時間における資質・能力は，**表1**，**表2**のようである。

表1　社会科における資質・能力（文科省）

資質・能力	資質・能力の具体的な内容
知識・技能	地域や我が国の国土の地理的環境，現代社会の仕組みや働き，地域や我が国の歴史や伝統と文化を通して社会生活について理解するとともに，様々な資料や調査活動を通して情報を適切に調べまとめる技能を身に付けるようにする。
思考力・判断力・表現力等	社会的事象の特色や相互の関連，意味を多角的に考えたり，社会に見られる課題を把握して，その解決に向けて社会への関わり方を選択・判断したりする力，考えたことや選択・判断したことを適切に表現する力を養う。
学びに向かう力・人間性等	社会的事象について，よりよい社会を考え主体的に問題解決しようとする態度を養うとともに，多角的な思考や理解を通して，地域社会に対する誇りと愛情，地域社会の一員としての自覚，我が国の国土と歴史に対する愛情，我が国の将来を担う国民としての自覚，世界の国々の人々と共に生きていくことの大切さについての自覚などを養う。

表2　総合的な学習の時間における資質・能力（文科省）

資質・能力	資質・能力の具体的な内容
知識・技能	探究的な学習の過程において，課題の解決に必要な知識及び技能を身に付け，課題に関わる概念を形成し，探究的な学習のよさを理解するようにする。
思考力・判断力・表現力等	実社会や実生活の中から問いを見いだし，自分で課題を立て，情報を集め，整理・分析して，まとめ・表現することができるようにする。
学びに向かう力・人間性等	探究的な学習に主体的・協働的に取り組むとともに，互いのよさを生かしながら，積極的に社会に参画しようとする態度を養う。

　社会科と総合的な学習の時間の資質・能力を比較すると，社会科が社会生活の知識・技能や学びに向かう力・人間性等の資質・能力の育成を目指しているのに対して，総合的な学習の時間は，探究的な学習の過程で養われる知識・技能や社会に参画しようとする学びに向かう力・人間性等の育成を目指している。思考力・判断力・表現力等においては，社会科が社会への関わり方を選択・判断したりする力，考えたことや選択・判断したことを適切に表現する，総合的な学習の時間が情報を集め，整理・分析して，まとめ・表現するとの記述があり，類似していることが分かる。

　一方，本研究における資質・能力を郷土学習のめあてを基にして，次のように考えた。本稿では**表3**に基づいて調査分析する。

表3　本研究における資質・能力

資質・能力	本研究における資質・能力の具体的な内容
知識・技能	A市の歴史や文化，地域ではたらく人々の様子を理解し，思いや願いを知る。 調査活動を通して情報を適切に調べまとめる技能を身に付ける。
思考力・判断力・表現力等	A市についての知識理解に基づいて，<u>よいところを考え，選択・判断したこと</u>を適切に表現する力を養う。
学びに向かう力・人間性等	A市をよりよくするための探究的な学習に<u>主体的・協働的に取り組み問題解決しようとする態度</u>を養う。 これからの<u>A市のために自分ができること</u>をする。

③　社会に開かれた教育課程

　2016年の幼稚園，小学校，中学校，高等学校及び特別支援学校の学習指導要領等の改善及び必要な方策等について（答申）では，「ア　社会や世界の状況を幅広く視野に入れ，よりよい学校教育を通じてよりよい社会を創るという目標を持ち，教育課程を介してその目標を社会と共有していくこと。イ　これからの社会を創り出していく子供たちが，社会や世界に向き合い関わり合い，自らの人生を切り拓いていくために求められる資質・能力とは何かを，教育課程において明確化し育んでいくこと。ウ　教育課程の実施に当たって，地域の人的・物的資源を活用したり，放課後や土曜日等を活用した社会教育との連携を図ったりし，学校教育を学校内に閉じずに，その目指すところを

社会と共有・連携しながら実現させること。」の三つの要件を備えた社会に開かれた教育課程が求められると述べている。

　そこで本研究では，将来の地域社会に貢献できる人材育成を目指して，その資質・能力を明確化し，地域の人的・物的資源を活用して進めている。

④　**カリキュラム・マネジメントについて**

　2017年3月に改訂された学習指導要領では，これまでの学校教育の実践を生かし，子どもたち一人一人に未来社会を切り拓くための資質・能力を確実に育成するため，求められる資質・能力とは何かを社会と共有し連携する社会に開かれた教育課程の理念の実現を目指している。カリキュラム・マネジメントとは，社会に開かれた教育課程の理念の実現に向けて，学校教育に関わる様々な取組を，教育課程を中心に据え，組織的かつ計画的に実施し，教育活動の質の向上を図ることである。社会に開かれた教育課程の実現を通じて子供たちに必要な資質・能力を育成するという学習指導要領等の理念を踏まえたカリキュラム・マネジメントは，「ア　各教科等の教育内容を相互の関係で捉え，学校教育目標を踏まえた教科等横断的な視点で，その目標の達成に必要な教育の内容を組織的に配列していくこと。イ　教育内容の質の向上に向けて，子供たちの姿や地域の現状等に関する調査や各種データ等に基づき，教育課程を編成し，実施し，評価して改善を図る一連のPDCAサイクルを確立すること。ウ　教育内容と，教育活動に必要な人的・物的資源等を，地域等の外部の資源も含めて活用しながら効果的に組み合わせること。」の三つの側面がある。

　本研究では，カリキュラム・マネジメントにより教科横断的な視点で社会科と総合的な学習の時間において合科的な学習過程を構築するとともに，計画，実践，評価，改善のPDCAサイクルを確立している。また，地域の人的・物的資源を活用することで効果的な教育活動を展開している。具体的には，地域の商店，農園，寺社を見学し社会科の学習としての知識理解はもちろんのこと，働く人々に視点をあてるとともに地域の役に立つという総合的な学習の時間におけるキャリア教育の内容も挿入している。

4.2　実践の内容

①　調査対象校，対象学年等

　調査対象校であるA小学校は，茨城県県南地域にある普通学級2クラス複式学級2クラス，特別支援学級1クラスで全校児童41名の小規模校である。本研究の対象は小学3年，児童数は10名である。

②　指導の実際（2017年5月）

　小学3年社会科と郷土学習の目標と郷土学習の計画は，**表4**，**表5**のようである。実践は，社会科と総合的な学習の時間（郷土学習）を合科的な学習として実施した。

表4　社会科と郷土学習の目標

	3　学　年　の　目　標
3年社会科 「市の様子」 （小単元）	市の特色ある地形，土地利用の様子，主な公共施設の場所と働き，交通の様子，古くから残る建造物など，地域の様子は場所によって違いがあることを理解し，自分たちが日々くらしている市に対して誇りや愛情をもつ。
総合的な学習の時間 郷土学習	テーマ：「A市の自然・名所・行事等を知り,広げよう」 目　標：A市の自然・名所・行事等で自慢できることを探し，友だちや家の人に伝えることができる。

表5　郷土学習の学習計画

時	主な学習内容	学　習　の　進　め　方
1	自然や観光名所・古いもので自慢したいところを話し合う。	学習カードを使って，石岡にある有名な場所をたくさん書く。発表する。自分が詳しく調べたい場所を決めて確認する。
2	自分のテーマについて調べ,カードにまとめる。	学習カードを使い，自分のテーマについて調べカードにまとめる。 （常陸の国総社宮・西光院・中村いちご園・小倉味噌店見学）
3 4	「じまんカード」作り	「じまんカード」にまとめる。 ★自分の思いや感想を書く。
5	まとめ・発表会	「石岡ふるさと自慢ポスター」を掲示しながら説明する。 ★「ふれあい祭」にて保護者・地域の方への発表会

学習内容は，Ａ市の施設を見学して，自慢したいことや伝えたいことを見つけ「じまんカード」を作ることである。そこで，Ａ市を知るために市内のＢ地区の「神社」と「味噌店」で１日，Ｃ地区の「寺院」と「いちご園」で１日，計２日間の見学を実施した。「じまんカード」を作る活動は，社会に開かれた教育課程の実現を目指したカリキュラム・マネジメントにより地域のよさ・すばらしさ・価値を再認識すること，そして調べたことを友達や各家庭に広げることで，学校教育を通じてよりよい社会を作ることを目指したものである。各施設について知るために事前の調べ学習として，Ａ市教育委員会の指導資料を活用した。校外学習の最初には，Ａ市のよさを学び，「じまんしたいこと」「つたえたいこと」を見つけるように指示をした。校外学習後には，「じまんしたいこと」「つたえたいこと」は何かを振り返り，学んだ知識や思いを定着させた。以下は児童の見学の様子である。

ア　神社について

　神社へは，何度か行ったことのある児童もいたが，半数は初めての見学であった。神社の宮司さんから，神社が千年以上前に造られたことや昔はＡ市が茨城県の中心だったことなどの話をいただいた。そのようなことは，ほとんどの児童は知っておらず，そのことを聞いて，自分たちが住んでいるＡ市への誇りの気持ちをもつ児童もいた。また，茅葺き屋根の門に感心している児童もいた。

イ　寺院について

　寺院へは，児童全員が初めての見学であった。山の中腹では，すばらしい景色に全児童が感動していた。住職の奥様からは，寺院は1200年前に建てられたこと，観音菩薩は11もの顔をもつことなどの説明をいただいた。児童は真剣に聞いてメモを取っていた。寺院は神聖な場所との説明があり，児童は敷居に上がらないことを忠実に守って行動していた。

ウ　味噌店について

　ほとんどの児童が，初めての見学であった。お店の方から，味噌の原料や作り方，年代の違ういろいろな味噌の種類についての説明をいただくとともに，味噌の試食もさせていただいた。児童は味噌造りの説明を興味深く聞く

とともに，味噌の味の違いを確かめさせてもらい嬉しそうだった。

エ　いちご園について

　いちご園の見学は，ほとんどの児童が初めてであった。店長さんから，これまでの集客や顧客づくりの努力や，また山を貫くトンネルができたことで都市部との交通事情が改善すると一気に知名度が上がり，雑誌やSNSでさらに店の評判が上がったとの話をいただいた。児童は真剣にいちご園の話を聞いていた。ハウス内のいちご狩り体験では，児童は夢中になって美味しいいちごを食べていた。

5．調査結果と分析

　持続可能な社会の創り手として，将来に必要な資質・能力を基に調査分析した。

①　施設見学後の感想

　施設見学後の感想と「お家の人にどんなことを伝えたいか」の問いに対して，図1のような回答があった。

常陸の国総社宮

・知らない人に神社のことを教えてあげたい。	8人
・A市ってすごい。	5人
・これからもA市にがんばって，大きくなってもらいたい。	3人
・こんな神社のあるA市に住めてよかった。	3人
・友だちや地域の人に神社の秘密を教えたい。	1人

味噌店について

・味噌がおいしいことを家族に話す。	2人
・お味噌をもっとおいしくして人気にしたい。有名になってほしい。	2人
・おいしい味噌や香ばしい香の味噌を作って，世界中に広げたい。	1人

寺院について

・寺院から見える景色は高くてきれいなこと。	2人
・建物が1000年以上も経っていること。	2人
・仏様は，生きている木のまま造ったこと，仏様の顔は11個全部違う顔だということを伝えたい。	1人

いちご園

・「おいしいいちごです」と，ポスターを作って知らせる。	3人
・もっと新聞やテレビにでて，大人気になってほしい。	3人
・いばらキッスと同じくらいのおいしいいちごを作ってほしい。	2人

図1　地域見学の感想（調査人数10名，複数回答延べ人数）

資質・能力の「知識・技能」の観点から郷土への知識・理解を得ているか，「学びに向かう力，人間性等」の観点からＡ市のために役立つことをしたいという態度が育成されているかについて見学の感想から分析する。

　神社の感想には，「知らない人に神社のことを教えてあげたい」「Ａ市に住めてよかった」「Ａ市はすごい」「Ａ市の発展を願う」という感想が見られた。Ａ市の知識・理解が深まるとともに，郷土愛が高まっている。さらには，知らない人に教えてあげたいという情報伝達の意欲が生まれている。味噌屋の感想では，「味噌がおいしいことを家族に話す」「お味噌を宣伝したい」ことが窺える。知識・理解が深まり，その価値を判断して，宣伝しようと社会への参画が窺われる。寺院の感想は，「仏様のこと」「景色がきれいなこと」など見学で得られた知識・理解に基づいて，他の人に伝えようとしている。いちご園の感想では，「おいしいいちごの宣伝」「人気になってほしい」「おいしいいちごを作ってほしい」などの願いや社会への参画が窺える。単なる市内の名所や施設の知識・理解にのみならず，収集した情報を考え，選択・判断したことを適切に表現する態度が形成されている。さらには，Ａ市のために考え，これからのＡ市のために自分ができることをするとう態度が形成されている。以上が３年生の校外学習を終えての児童の感想である。歴史的な建造物のよさや担当者から聞いた話を伝えたいことを捉えており，商業施設での今後の発展を願う提案を述べている。

②　４月と11月の質問紙調査

　学習前の４月と課題を把握し，見学を伴う調査を経て，学習のまとめの発表が終わった11月に質問紙調査を行った。

　「Ａ市には自慢できることがたくさんあるか」という問いに対して４月は「そう思う」と答えた児童は５名であったが，11月は「そう思う」と答えた児童が８名であった（図２）。「Ａ市ではたらく人たちの様子を知っているか」との問いに，４月は「どちらかというとそう思う」と答えた児童が２名であったが，11月は「そう思う」・「どちらかとうとそう思う」と答えた児童が全員の10名となった（図３）。「Ａ市の自慢できるところを友達や家の人に話すことができるか」との問いに，４月は「そう思う」・「どちらかというと

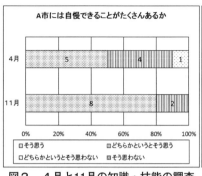

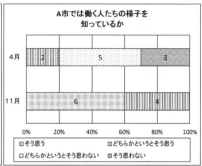

図2　4月と11月の知識・技能の調査　　図3　4月と11月の知識・技能の調査

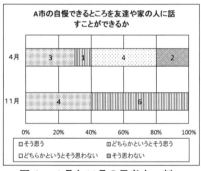

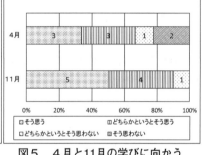

図4　4月と11月の思考力・判
　　　断力・表現力等の調査

図5　4月と11月の学びに向かう
　　　力・人間性等の調査

そう思う」と答えた児童は4名であったが，11月は「そう思う」・「どちらかというとそう思う」と答えた児童が全員の10名となった（**図4**）。友人や家族に話すことが苦手な児童もいたが，自慢したいところは何かを考えさせ，認め励ますことで11月には，全員が「そう思う」「どちらかというとそう思う」と変容したものと考える。「A市のために役立つことをしたいか」との問いに，4月は「そう思う」・「どちらかというとそう思う」と答えた児童は6名であったが，11月は「そう思う」・「どちらかとうとそう思う」と答えた児童が9名となった（**図5**）。学習をとおしてA市に関する知識・理解が深まるとともに，友達や家の人にA市について話し，A市のために役立つことをしたいと思うようになったものと考える。

６．考察及びまとめ

　施設見学後の感想と「お家の人にどんなことを伝えたいか」の問いの回答から，育成すべき「知識・技能」の獲得や「学びに向かう力，人間性等」における態度の向上が認められた。また，社会科と総合的な学習の時間における郷土学習の目的がともに達成できるような学習となった。

　質問紙調査（知識・技能）の結果から，Ａ市の歴史や文化，地域で働く人の様子についての知識・理解を深めことができたことが，また質問紙調査（思考力・判断力・表現力等）の結果から，Ａ市の自慢したいことを考え，判断し，表現することができたことが，そして，質問紙調査（学びに向か力・人間性等）の結果から，Ａ市のために役立つことをしたいという態度が育成されたことが分かった。

　社会科と総合的な学習の時間における郷土学習は，学習の目的やその学習内容，そして育成すべき資質・能力が類似していた。持続可能な社会の創り手として，将来に必要な資質・能力を基にした調査分析から，本実践は地域や地域で働く人に関する知識・理解を深め，その内容を友達や家族に伝えるための表現力を養い，Ａ市のために役立ちたいという学びに向かう力・人間性等の育成を促すものとなった。社会科と総合的な学習の時間を中心とした郷土学習は，互いの目的を実現する効果的な学習となり得ることが分かった。その背景には，社会科と総合的な学習の時間における郷土学習のねらいを照合並びに精査して教科横断的な学習過程を構築し，地域の教育資源を活用したことで，効果的なカリキュラム・マネジメントと社会に開かれた教育課程が実現したことによるものと考えられる。

〈謝辞〉
　共同して研究にあたった現かすみがうら市立下稲吉小学校の武田広宣先生と現石岡市立府中小学校の鴻巣由美先生に感謝いたします。

[キーワード]

合科的な学習（Integrated regional learning），社会科（Social studies），総合的な学習の時間（Integrated learning time），社会に開かれた教育課程（Curriculum management open to society），カリキュラム・マネジメント（Curriculum management）

〈参考文献・資料〉

中央教育審議会　文部科学省，「幼稚園，小学校，中学校，高等学校及び特別支援学校の学習指導要領等の改善及び必要な方策等について（答申）（中教審第197号）」，2016。

藤井千春，「社会科と総合的学習の関連」，『現代教育科学』明治図書出版，39(9),1996，69-72頁。

大畑健実，「小学校における社会科との関連を意図した総合的な学習の展開 – 先行授業実践の分析と授業モデルの設計 – 」，『社会系教科教育学研究』，第11号，1999，45-52頁。

山根栄治，「社会科と「総合的な学習の時間」との連携の可能性」，『三重大学教育実践総合センター紀要』，第21号，2001，9-16頁。

山田丈美，都築繁幸，「教科学的観点から見た合科的指導の実践研究の課題」，『教科開発学論集』，第 2 号，2014，199-209頁。

第5部

第34回研究大会の概要

《課題研究》

教師教育の高度化③
──教師教育の高度化と地域教育課題への対応─教職大学院は地域の期待に応えているか─

1. 教師教育の高度化と地域教育課題への対応
   ──中教審答申の三つの改革原理と教職大学院の役割を中心に

2. 教職大学院における実践的教育研究の可能性
   ──地域教育課題に関わる教育委員会との協働的研究の実践

3. 教師教育の高度化と地域教育課題

《公開シンポジウム》

新時代に向けての教育改革を考える

1. 基調講演「新時代に向けての教育改革を考える」

2. ミニ・シンポジウム
   (1) 新時代を意識した学校教育─共生社会を創るための学校教育の在り方を問う
   (2) 新時代の教職員に求められる資質・能力─学校教育・事務職員の立場から
   (3) 新時代の言語教育

教師教育の高度化③

教師教育の高度化と地域教育課題への対応

―教職大学院は地域の期待に応えているか―

【趣旨】

　平成27年12月の中央教育審議会答申（「これからの学校教育を担う教員の資質能力の向上について～学び合い，高め合う教員育成コミュニティの構築に向けて～」）を受け，各都道府県等に設置された協議会（教員育成協議会）について，答申では，教育委員会と大学等が相互に議論し，養成や研修の内容を調整するための制度としており，更に，地域の実情に応じたものとするとともに，各主体の自主性・自律性が生かされる仕組みとして捉えている。

　協議会において検討される教員育成指標の目的について，答申では，「教職キャリア全体を俯瞰しつつ，教員がキャリアステージに応じて身に付けるべき資質や能力の明確化」としており，また，「各地域の実情に応じて策定」することとし，「国は各地域の自主性，自律性に配慮」するとしている。すなわち，各地域において，それぞれの実情等に基づき，教員養成段階から生涯にわたる教員の学びを関連付けて自律的に運用することを求めるものである。

　また，「教員需要の減少期における教員養成・研修機能の強化に向けて－国立教員養成大学・学部，大学院，附属学校の改革に関する有識者会議報告書－（平成29 年 8 月29日）」（以下，「有識者会議報告書」という。）においても，地域ニーズへの対応として，国立の教員養成大学・学部等は「教育委員会等との『協議会』に主体的に参画し，教員のライフステージに応じた資質向上に体系的に関わることや，教育委員会や学校現場との人事交流等を通じて，地域の教育委員会等と連携しつつ，地域が求める教員を的確に把握し，それを確実に反映した教員の養成・研修に取り組むこと」としている。

　それぞれの地域における教育委員会と大学の協働，地域密着型の教員養成・研修の必要性やニーズの高まりについては，上記答申や報告書において言及される以前から各大学において認識されていることでもあった。とりわけ，教職大学院に対しては，教育委員会との協働により策定する教員育成指標や地域の特性を踏まえつつ，その地域における教員のキャリアステージに応じた資質向上に資するようなカリキュラムの提供等により，教員養成からの教職キャリア全体にわたる学びを支援する方策を検討するべきである（継続的な学びにつながる制度設計）という要請がある。すなわち，教職大学院における教師教育の高度化の前提として教育委員会との協働による地域教育課題への取組のありようが問われているのである。ただ，その一方で，地域教育課題に対応できる確たる組織・体制が大学側になければ，連携という名の下に地域や行政の需要に応じるだけの下請けのような存在になってしまう懸念も示されており，このような動向に対応した教職大学院の在り方そのものが問われているといえる。

　そこで，課題研究では，本課題研究３年目の区切りとして，教職大学院が教育委員会との密接な連携により地域の教員養成・研修の中核となるための方法や課題等について明らかにすると共に，今後の教職大学院の方向性について検討し，提案したいと考えた。　　　　　　　　　　（文責＝堀井啓幸）

【報告者と報告の視点】

　牛渡　　淳（仙台白百合女子大学）教員育成指標の作成という視点から

　紅林　伸幸（常葉大学教職大学院）教育委員会との協働的研究から

　佐々木幸寿（東京学芸大学）　　　教師教育の高度化と地域教育課題

【コーディネーター・司会】

　堀井　啓幸（常葉大学）

　根津　朋実（筑波大学）

教師教育の高度化と地域教育課題への対応
─中教審答申の三つの改革原理と教職大学院の役割を中心に─

仙台白百合女子大学 **牛渡　淳**

はじめに

　平成27年12月の中教審答申は，戦後の我が国の教師教育の在り方に大きな変化をもたらすものとなった。そこには，教職を「高度専門職」とすべく，三つの改革原理が含まれていると考えられる。第一は，基準性による改革である。育成指標の作成やコアカリキュラムに基づく再課程認定である。第二は，参加と連携による改革である。これは，教員育成協議会の設置や，ピア・レビューをベースとした認証評価制度による教員養成の質保証の可能性を示唆したことが当てはまる。第三は，実践的指導力育成に向けた改革である。これは，免許法施行規則の改正による指導法の充実や「含む」事項の新設，育成指標の作成や教職大学院の量的拡大の提言等が含まれるであろう。これらの三つの改革原理にすべて関わりながら，今次改革の推進役として期待されているのが教職大学院である。しかしながら，教職大学院が今後，地域の教育課題にどのような役割を果たすべきかは，この三つ改革原理の抱えるそれぞれの根本的な課題をどう考えるか，さらには，答申が提唱している「高度専門職」をどう考えるかに大きく関わっている。本報告は，これら三つの改革原理の特質と抱える課題を明らかにしながら，そこに，教職大学院がどう関わるべきかという視点から問題提起をしてみたい。

1. 「基準性による改革」の特徴と課題―「育成指標」を中心に―

「育成指標」とは，諸外国における「Professional Standard」（専門職基準）（あるいは，その一部）に相当するものであり，教師育成に関わる諸機関（大学，行政，学校現場等）の「共通言語」として機能するものである。そして，その特徴は「共通性と基準性」にあり，それによって「教職の専門性の明確化」と「学び続ける教員」を実現することを目的としている。しかし，この「共通性・基準性」による改革から抜け落ちるものがある。それは，（地方，大学，教員個人の）多様性，個別性，自主性である。今回，地域ごとに育成指標を作成する理由は，まさにここにあり，教師の育成指標には，「地域の多様性・課題」を反映させる必要性があったからである。また，「指標，研修計画」と「教員の多様性・個別性，自主性」を結びつける必要性，すなわち，育成指標を作成するだけではなく，それを自主性と多様性を持つ教員一人一人の力量向上にどうつなげるかという観点から工夫を行う必要性がある。例えば，「両者をつなぐ仕掛け」として，山形県が採用している「研修キャリアアップシート」がある。これは，育成指標を活用する際に，教員の「自主性」と行政の「計画性」の両者をつなぐための工夫として位置付けられており，教員一人一人の研修課題を明確化することにより，指標と自己評価，研修履歴をつなぐツールとするとともに，日常の活動・省察と研修をつなぐツールとして，研修への意欲・モチベーション・自発性を確保することを目的としている。[注1] また，「緩やかな指標」を採用して，両者のバランスをとろうとする例として千葉県・千葉市の育成指標がある。千葉県・千葉市では，育成指標のシークエンスとして「年齢・経験年数・職階」を採用しておらず，ゆるやかな三段階の区分のみである。また，校長の指標も作成していない。「共通性」よりも教職員の「多様性」を重視した方針といえよう。[注2] さらに，今回の「基準性」による改革方策の一つとして導入された「コアカリキュラム」についても，すでに導入されている医学・薬学では，「大学や研究者の自主性・多様性」を基準性とセットで考えることが

求められていた。すなわち，医学・薬学分野では，「コアカリキュラムにおいては，養成時間は，コアカリキュラムがおよそ2/3，大学独自の内容が1/3」であり，「医学（薬学）教育のすべてを画一化したコアカリキュラムの履修にあてることは正しくない」とされている。こうした考え方の下に，「教職コアカリキュラム」においても，15回の講義すべてにコアカリキュラムを含む必要はないことが確認されている。^(注3)

2．「参加と連携による改革」の特徴と課題—「教員育成協議会」を中心に—

「教員育成協議会」は，平成27年12月の中教審答申で提唱されたが，それは，「教育委員会と大学等が相互に議論し，養成や研修の内容を調整するための制度」として創設されたものである。メンバーとしては，「市町村教育委員会，域内を含め周辺の教員養成大学・学部やその他の教職課程を置く大学，関係する各学校種の代表，職能団体の代表等が，国公私立を通じて参画でき得るものとする」とされ，協議会は，「多様な関係者の参加と連携」によって，育成指標を含め，地域の教師教育（養成・採用・研修）全体の質の向上をはかるための議論や調整の場となることが期待された。

これに関して，育成協議会についての全国調査によれば，協議会メンバーとしての「大学」の参加実態に，4種類のパターンがあった。第一に，「教職大学院単独型」協議会であり，その地域の大学としては教職大学院しか参加していないパターンである（全体の21％）。

第二は，「教職大学院及び地域代表校型」協議会で，教職大学院に加えて，地域の教職課程を持つ大学の代表校が参加している協議会（8.8％），第三は，「全大学参加型」協議会：教職大学院および地域の教職課程を持つすべての大学が参加している協議会（21％），第四は，「教職大学院及びその他の大学参加型」協議会：教職大学院に加え，他の少数の大学が参加（49.1％）であり，この第四のタイプが最も多い。そして，すべてのパターンで，教職大学院が参加しており，協議会メンバーの「核」として教職大学院が位置づけられていた。すなわち，「参加と連携」を，教職大学院または教職大学院と特

定の大学に限定している協議会が約7割あり，地域の教職課程を持つすべての大学の参加または意見を集約しようとする姿勢を持っている自治体が約3割にとどまっていた。^(注4) 教員育成協議会の目的は，「教職大学院（および特定の大学）と教育委員会」の連携なのか，それとも，「地域の教師教育全体」の質的向上なのか？　後者が目的であれば，すべての大学の直接・間接の参加が必要と考えられる。

3．「実践的指導力育成による改革」の特徴と課題―教職大学院を中心に―

　教職大学院は，平成19年度，「専門職大学院」の一種として制度化された。「理論と実践を往還する探究的な省察力を育成する」ことを目的として，従来の修士課程とは明確に異なる，「実践的指導力」の向上を目指している。福井大学における学校拠点方式等，それぞれの大学院が「理論と実践の往還」を様々なアプローチによって実現しようと試みてきた。

　平成27年12月の中教審答申で，「質的な面のみならず，量的な面でも大学院段階での教員養成の主軸と捉え」との文言が入って以降，文科省は，全国のすべての国立教員養成系大学・学部に教職大学院を拡大する方針を示すと同時に，従来，並存してきた修士課程を廃止し教職大学院に一本化する方向性を示している。

　教職大学院の課題としては，例えば，「実践的指導力」の追求が，大学の学術的理論や，実践自体を相対化するような広い理論に繋がらない「限定された狭い理論」に閉じ込められているとの批判がある。^(注5) 専門職養成において理論と実践が往還する必要があるのはどの専門職でも同じであるが，教員養成における理論と実践の往還を，「専門職大学院」制度で行うことによって，真の学術的理論・広い理論との往還が困難になってしまっているとの指摘は極めて重要であり，教職大学院制度の根本的問題と考えられる。

4．三つの改革原理と教職大学院の課題

　教職を「高度専門職」化するために，そして，地域の課題にこたえるために，上記の三つの改革原理の課題に対して，教職大学院はどのように対応すべきだろうか。第一の点に関しては，「育成指標」を基にした研修・育成プログラムの共同開発や研修のポイント化，あるいは，教職大学院による新たな資格・サーティフィケート等の創設（例：防災，いじめ防止，学校経営等）が考えられる。教職の高度化に向けた「仕組みづくり」のリーダーとしての教職大学院に期待したい。第二の点に関しては，「共通言語」を真の「共通言語」にすることが課題であろう。特に，開放制教員養成の下では，「教育委員会との連携」に加えて，「地域の他大学との連携」にも目を向けるべきである。「地域のニーズ」とは，「学校現場のニーズ」だけではなく，「養成現場のニーズ」でもある。地域の大学（養成機関）のリーダーとしての教職大学院に期待したい。第三の点に関しては，「高度専門職」に向けて，「理論と実践の往還」の「質」を高めることが課題である。「高度専門職」に求められるものは，「優れた実践的指導技術・方法」だけではなく，「専門分野に関する深い知識」，「広い視野と深い教養」，「研究力」，「生涯学習者としての学ぶ力」等がある。教職大学院の「質」を高めるためには，「実践への深いかかわり」だけでなく，それを支える「深い学術的理論」の両面が必要である。これに関連して，教職大学院の拡大と引き換えに「修士課程の廃止」が進められているが，学術的理論や広い理論との真の「理論と実践の往還」を実現する制度的基盤をなくしてしまうのではないかと危惧される。教職大学院教育の質を高めるためには，教員養成系（単科）大学の教職大学院については，学術研究機関としての「大学」の「機能」（修士課程）を部分的にでも残すべきではないだろうか。また，総合大学に設置された教職大学院は，総合大学としてのメリットを生かすべきであり，この点，教職大学院と学内の「医学部との連携・共同」により，「特別支援教育」分野での質の高い大学院教育を行っている帝京大学の例は注目される。[注6]

〈注〉

1．山形県教育センター『山形県教員「指標」『研修キャリアアップシート』の活用について～「学び続ける教師」を目指して～』，2018年2月

2．牛渡淳・原田恵理子による千葉県教育委員会へのインタビュー調査より。2018年8月28日実施

3．牛渡淳「文科省による「教職課程コアカリキュラム」作成の経緯とその課題」，日本教師教育学会編『日本教師教育学会年報』，第26号，2017年9月，pp.28-36

4．牛渡淳・原田恵理子・太田拓紀・田子健・森田真樹「教員育成協議会の全国的な設置状況の特色と課題－協議会への大学のかかわり方を中心に－」，日本教師教育学会第28回大会，2018年9月30日

5．安藤知子「教職大学院における理論と実践の往還」，日本教育経営学会編『講座現代の教育経営第4巻　教育経営における研究と実践』，学文社，2018年6月，p.207

6．牛渡淳「教育の未来と教師教育」，帝京大学教職大学院10周年記念式典・第10回教職大学院フォーラム基調講演，2018年12月1日

教職大学院における実践的教育研究の可能性
—地域教育課題に関わる教育委員会との協働的研究の実践—

常葉大学教職大学院　**紅林　伸幸**

　常葉大学教職大学院は，平成28年度より３年間，静岡県教育委員会と協力し，教員の多忙化解消を図り，勤務環境を改善する「未来の学校『夢』プロジェクト」事業に取り組んだ。この協働的な研究は，本大学院にとって，大きな，そして極めて重要な挑戦であった。

　常葉大学教職大学院は，平成20年の設置以来，課題研究を中心に置いた学修によって教員の高度専門職化を目指してきた。研究をコアとする学修は，一見すると，実習をコアに置く教職カリキュラムを構築し，その実施を目指していた当時の学部の教職課程のカリキュラムと逆行する道を進むものに見えるかもしれない。けれども，教職大学院はそもそも設置の趣旨において，理論と実践の往還を重視することが求められており，目指すべきものは実習をコアとするカリキュラムに特定されてはおらず，理論と実践を往還させることがコアとなってすべての学修を統合する構造を持つカリキュラムこそが期待されていた。本大学院は，それを新しい教職大学院型の実践的な教育研究とすることによって，学校現場が抱える教育課題に研究的な問題意識を持って取り組み，教育をマネジメントする教員の育成を目指してきた。設立10年を迎えた平成30年度に，「実習」と呼んできた「学校における実習」を「アクション・リサーチ」に名称変更し，「エーアール（AR）」という通称を用いて学生の意識への定着を図ったのも，すべてその一環にある。平成28年度からはじまった静岡県教育委員会との共同研究は，教職大学院型の実践的な教育研究のモデルづくりに，院をあげて踏み出したものである。

常葉大学教職大学院における実践的教育研究モデルの構築プロジェクト

　本大学院は教職大学院型の教育研究モデルの構築を目指して，タイプＡ，タイプＢ，タイプＣの３つの研究モデルを構想し，実践的に研究を進めてきた。タイプＡは教育委員会や学校現場の研究要請に基づいて，関連諸機関と連携して，学校現場が直面している教育課題に取り組む地域連携型実践研究，タイプＢは企業と連携してカリキュラム開発や授業改善をめざす開発型実践研究，タイプＣは教職大学院の先導的な研究成果を地域に積極的に提案し，推進する提案型実践研究である。３つの研究はいずれも教職大学院の①実務家教員と研究者教員の複眼的な協働的研究であり，②現職教員院生や学部卒院生が参加して行う実践的研究として，③その成果が地域の教育課題に実際的な効果をもたらすことをねらいとしている。静岡県教育委員会との協働的研究は，本大学院がめざす協働的研究事業のフラッグシップと位置づけて推進してきたタイプＡの地域連携型実践研究である。

静岡県教育委員会による「未来の学校『夢』プロジェクト」

　一方，「未来の学校『夢』プロジェクト」は，国が推進する働き方改革の一環として，静岡県教育委員会が教員の働き方改革の先導的事例を作るべく，全国に先駆けて実施したプロジェクトである。多忙の原因の洗い直しから，教員業務の見直し，出退勤時間の効率的な把握方法の検討，地域人材の活用方法など，多岐にわたる課題に総合的にアプローチするものであり，その主要なメンバーとして静岡県内の２つの教職大学院の教員に参画を求めた。プロジェクトの委員長が所属することとなった本大学院は，多忙の実態とその原因の洗い直しのための実態調査の実施を提案し，学内の特別共同研究に申請して予算を確保して調査を実施するとともに，プロジェクトのモデル校から派遣された現職教員院生（平成27年度生：高田直樹教諭）が課題研究として本プロジェクトに関わる研究課題に取り組むことを全面的に支援した。

地域連携共同研究プロジェクト（図１）の成果

　高田直樹教諭の課題研究では，研究１：教員のワークに関するエスノグラフィックな研究，研究２：教員のワークおよび多忙と多忙感に関する質問紙調査研究，研究３：業務アシスタントの活用に関する実験的調査，研究４：退勤時間の上限設定に関わる残務調査の４つの調査を実施した。研究１は原籍校での教員の業務実態の観察調査を実施し，数名の教員の一日の活動に密着した記録作成とインタビューを実施した。研究２は後に大規模に実施することになるアンケート形式の調査のパイロット調査である。研究３はストレートマスター５名の協力を得て，業務アシスタントとして教員の補佐ができる業務の確認とその効果を研究した実験的な試行調査であり，調査４は退勤時間の時間設定をしたときにどのような種類の，どれほどの量の仕事を持ち帰らなければならなくなるのかを，現場教員の協力を得て確認した調査である。これらの他にも，効率的な会議の実施のためのツール（円形ホワイトボード「円たくん」）の活用や，退勤時間の徹底のためのカエルボードやカエルミュージックの活用など，実践的な提案を数多く行っている。それらの研究の成果は，その後他県にも紹介され，同様の取り組みを開始した他県の小・中学校で採用されているアイデアも多い。また，業務アシスタントの試行の成果は，静岡県が業務アシスタントをいち早く全校配置するにあたって基礎資料として活用されている。

　さらに，高田の課題研究の成果に基づいて教員業務の全般に関わるビッグデータ型のWebアンケート調査「教師の多忙解消に向けての調査」（小学校教員版2016年度実施，中学校教員版2018年度実施）を静岡県教育委員会が管轄する県下の全小・中学校の教員の協力を得て実施した。本調査の結果は，新聞，雑誌等で紹介の機会を得，教員の多忙解消への県民の関心の喚起に一役を買うことになった。また，現在常葉大学教職大学院のホームページに，令和元年度在籍院生たちが作成した調査結果の紹介動画「静岡県教育委員会との共同研究「教師の多忙解消に向けての調査 2016/2018」の結果報告」（https://www.tokoha-u.ac.jp/graduate/elementary/results/）をUpし，積

極的に結果の公表を行っている。

教職大学院型実践的教育研究のメリット

　今回の研究では，教職大学院が教育委員会との協働的研究を通して地域の教育課題にアプローチすることの大きな可能性を確信することができた。そこには，教職大学院が地域連携型の実践的教育研究を実施するために，他機関にない大きなアドバンテージを持っていることがある。

　第一は，教職大学院型の研究では，質の高いデータの収集が可能となることである。実務家教員と研究者教員が共存する教職大学院は，研究者教員の専門的な研究技能と，実務家の現場感覚の両面から，データの質を高めていくことができる。しかし，真に質の高いデータにするためには，データの質を高めるだけの研究計画を立てる力が必要となる。また，データの質，分析の方向性，結果の解釈などにおいて科学的客観性が保持されていることをしっかりモニタリングしていく体制をとる必要がある。

　第二は，多数のスタッフが関わり，長期間にわたる持続的な研究課題への取組ができる組織体制によって，混合研究法というスタイルをとることができることである。単なる段階的な混合ではなく，一つ一つの研究を一定の自律性を持った研究として展開することによって，混合研究法としての研究の質を全体的に高めることができる。

　第三は，研究の成果を，現場の実践や取組，制度等の改革・改善につなげていくことができることである。これは現場発信型の研究が中心となる教職大学院の大きな利点である。

　そして，第四として特に強調しなくてはならないことは，現職教員院生を活用することによって，地域や学校が抱える教育課題に積極的にアプローチできることである。彼らを派遣した学校（原籍校）は彼らを通して教職大学院及びそのスタッフとつながり，最新の教育実践のアイデアを学校で採用することが可能となる。そして，彼らの存在を核として学校全体でその教育課題に取り組むことができるのである。現職教員院生が原籍校の改革を推進する中心となり，教育課題への取組を加速化させることは新しいタイプの現場

改革モデルとなるだろう。

　教職大学院が研究活動を通して地域の教育力を高める戦略として，教育委員会と連携し，現職教員院生の派遣を積極的に活用していくことは大きな可能性を持っている。そして，教職大学院は，それを可能とする潜在的な構造をもっている。その構造を活かせるかどうかは，教育委員会と教職大学院の間にWin-Winな関係を築けるか否かにかかっている。

図1　地域連携共同研究プロジェクト

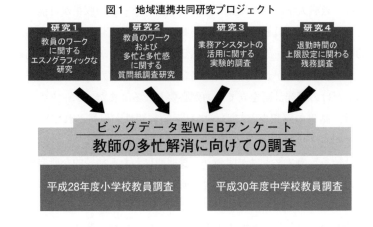

〈参考文献〉
紅林伸幸，安藤雅之，水町有里，小畠郁穂「教員組織の機能分化と多忙の実態に関する調査結果報告　—静岡県公立小・中学校教員調査より—」『常葉大学教職大学院研究紀要』第5号，2019.3. pp.67-77

教師教育の高度化と地域教育課題

東京学芸大学 **佐々木幸寿**

教職大学院は，地域における教師教育の拠点としての機能を果たすことが期待されているが，各地域における教師教育は，地域モデル，都市モデルなど多様な形態で展開しており，全国共通の教師の資質能力の高度化を進める上では乗り越えるべき課題がある。

1　高度化の二つの視点　〜「教師全般の高度化」と「スクールリーダーの高度化」〜

現在，学校では，知識・技能，思考力・判断力・表現力，学びに向かう力や人間性などを含めて子供たちの資質を総合的に育んでいくことが求められ，教師は，主体的，対話的で深い学び（アクティブ・ラーニング）の視点を重視し，「学びの専門家」となっていくことが提唱されている。子供の学びの質を向上させる力量を備えること，いじめ・不登校などの解決困難な教育課題に対応すること，ADHDなどの発達障害を含めた特別支援教育ニーズに対応すること，虐待・貧困などに対応するため医療や福祉との連携を進めることなど，教師にはより高度化な資質能力が求められるようになっている。さらに，サイバー空間（仮想空間）とフィジカル空間（現実空間）を高度に融合させ，経済発展と社会的課題の解決を両立する人間中心の社会（Society5.0）を実現しようとする近年の政策動向を踏まえれば，教師には，次世代型の新しい教育やAIの教育への浸透に備えることも不可避となっている。

教師の資質能力の高度化は，不可欠，不可避の政策課題となっているが，高度化に向けて二つの視点に留意する必要がある。つまり，全国に100万人といわれる初等中等教育を担う教員すべての資質能力を高度化するという意味での高度化の理想と，まずはスクールリーダーと呼ばれる教師層の高度化を図るという喫緊の現実的課題としての高度化である。

2　地域ごとの教師教育の高度化のシステム（地方モデル，都市モデル）

　平成20年にはじめて設置された教職大学院は，現在，ほぼすべての都道府県に設置されるに至り，教職大学院は第二ステージを迎えている。教職大学院には，教科領域の導入など学校現場のニーズに応じてその教育内容の改善を図るとともに，各地域において大学と教育委員会の連携の核として「養成－採用－研修の一体化」を推進する新しい役割を果たすことが求められている。

　教育公務員特例法により，文部科学大臣には，公立の小学校等の校長及び教員の計画的かつ効果的な資質の向上を図るための指標の策定に関する指針（①公立の小学校等の校長及び教員の資質の向上に関する基本的な事項，②指標の内容に関する事項，③公立の小学校等の校長及び教員の資質の向上を図るに際し配慮すべき事項）を定めることが求められており，任命権者（都道府県教育委員会，政令市教育委員会等）は，国の指針を参考として，教育委員会と大学等が連携して教師の育成について協議するための教員育成協議会を設置し，「校長及び教員としての資質の向上に関する指標」（教員育成指標）を策定することとされた。また，任命権者である教育委員会には，教員育成指標を踏まえて研修計画を策定することが求められている。教員育成指標の主なねらいは，大学と教育委員会が教師の育成目標を共有し，連携を進めることで，養成・採用・研修の接続を強化し一体性を確保すること，高度専門職業人としての教職のキャリア全体を俯瞰しつつ，教師が各キャリアステージに応じて身につけるべき資質能力を明確化することにある。

⑴　地方モデル

　答申等が想定している典型的な地域における教師育成システムとは，一つの国立大学教職大学院と一つの県教育委員会が核となって形成される地域システムである。多くの都道府県では，このタイプの地域システムが想定されている。地域に唯一開設されている国立の教職大学院が高度化の中心となり，そのカウンターパートとして，地域で唯一の公立学校の任命権者である県教育委員会が位置付けられている（政令指定都市は，一部の都道府県のみ）。そのため，教員育成協議会も，形式的には，地域に所在する公私立の大学や市町村教育委員会も参加するものの，実態としては，国立の教職大学院と県教育委員会が主導した形で指標づくりが進められることになる。

　こうした「地方モデル」では，一般的には，国の定めた教員免許法上の基準（コアカリキュラム）や法定研修の内容を参考としながらも，任命権者である県教育委員会の採用基準，研修方針・研修計画を基盤として，教職大学院側の意見等を取り入れる形で教員育成指標が策定されているものと考えられる。

図1　教師育成の地域システムⅠ（地方モデル）

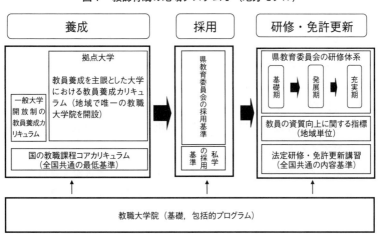

⑵　**都市モデル**

　その一方で，東京などの都市部では，国立，私立の複数の教職大学院が存在している。教職大学院の定員も小規模，中規模，大規模と異なっており，小・中規模の教職大学院は，コース等の教育内容も，教科等の指導法や教育課程等を中心とした教職に関する包括的な内容となっている。一部の私学では，中学校・高等学校という中等教育段階の教育現場に多くの人材を輩出している教職大学院もある。それに対して，大規模教職大学院では，従来の内容に加えて，組織マネジメント，教科領域，特別支援教育，学校教育課題，国際理解教育，環境教育など，総合的で専門性の高いカリキュラムを提供している。このように，都市部では，多様な複数の教職大学院が存在しており，また，学部において教職課程を開設している国公私立大学も多数存在し，教員育成協議会の開設主体である任命権者として，都道府県教育委員会，政令市教育委員会が存在している。また，教員育成指標の基礎となる専門性基準についても，国の示した基準だけでなく，例えば，東京都の場合には，都教育委員会が設定した教員養成のための教職課程カリキュラム（地域特有のカリキュラム）が各大学に示されており，さらには各教職大学院に対して共通に設定する科目における達成基準も示されている。また，状況の理解を複雑にしているのは，課程認定を受けている大学が膨大な数に及ぶため，都の示した教職課程カリキュラムの活用状況は大学により格差があることが推測されるということである。

　都市部においては，複数の大学，教職大学院，任命権者が存在し，かつさまざまな専門性基準があり，その活用の多様性も見られることから，国の答申等が提起する「養成－採用－研修の一体化」の実現は簡単ではなく，その様相も複雑であると言える。

　なお，東京学芸大学教職大学院では，首都圏の私学を含めて教員養成高度化連携協議会を結成し，また，国際バカロレア教員養成プログラム，高度研究プログラムなど特別の取り組みを進めている

図2　教師教育の地域システムⅡ（都市モデル）

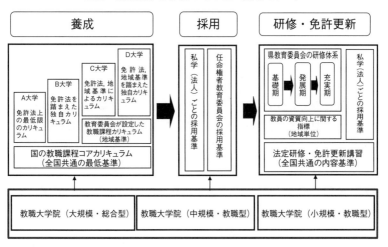

3　地域システムとしての教員養成の課題

　中央教育審議会の答申「これからの学校教育を担う教員の資質能力の向上について～学び合い，高め合う教員育成コミュニティの構築に向けて～（答申）」（平成27年12月21日）をはじめ，国の答申等は継続的に，教員の養成・採用・研修を通じた一体的な改革の必要性を提起してきた。

　現在の各地域における教師教育のシステムについて，中央教育審議会答申等が提起した「養成－採用－研修の一体化」という理想は，地方モデルとしてはある程度実現しつつあるが，次の点で重要な課題が見られるのである。

　第一には，多くの私立学校，複数の国私立の教職大学院を抱える地域では，教員育成指標等を活用した「養成－採用－研修の一体化」の実現は相当に困難であるということである。都道府県教育委員会，政令市教育委員会がとりまとめた教員育成指標の活用は，協議会を構成する大学を除けば，実態としては各大学に委ねられているということである。

　第二には，全国的に教師の資質能力の高度化を進めるためには，現行の「地方モデル」「都市モデル」に依存するだけでなく，国公私立学校のすべて

の教員を対象とした全国共通の高度化の枠組みを構築することが必要である
ということである。そのためには，現行の取り組みを基盤としながらも，教
員免許制度改革に踏み込む必要があると思われる。

4　フラッグシップ大学への期待

　政府の教育再生実行会議第11次提言で，今後の社会変革に伴う教育革新の
大きな流れを見据えて，Society5.0に対応した，産業界とも連携し教員養成
を先導するフラッグシップ大学の創設を提言している。中央教育審議会教員
養成部会の教員養成のフラッグシップ大学検討ワーキンググループで検討が
なされ，令和2年1月23日に出された最終報告において，その指定の要件が
示されている。

　フラッグシップ大学には，まず，第一に，全国のすべての教師の資質能力
の高度化に向けた道筋を示すことが期待されている。全国のほぼすべての都
道府県に配置されている教職大学院の高度化の拠点として，教育委員会の実
施する研修，免許状更新講習を連携させて，実現可能なものとして高度化の
システムを提案していくことが期待されている。

※本稿（課題研究の報告）に先だって，政策提言型の研究として，佐々木幸
　寿「持続可能なシステムとしての教師教育の高度化－免許上進制，ラーニ
　ングポイント制をめぐる設計科学的提言の試み－」（『日本学校教育学会年
　報』第2号，2020年7月）を発表している。

新時代に向けての教育改革を考える
―第34回研究大会「公開シンポジウム」について―

　本学会の第34回研究大会が，2019年8月3日（土），4日（日）に金沢学院大学において開催されました。その第1日目に「新時代に向けての教育改革を考える」をテーマとして，国立教育政策研究所前所長・常盤豊氏の基調講演に引き続き，3つの公開ミニ・シンポジウムにおいて意欲的な提案や活発な議論が交わされました。

　はじめに佐々木幸寿本学会会長から常盤氏のご紹介があり，シンポジウム全体の趣旨である「グローバル化の進展，AIをはじめとした高度情報通信革命などにより，社会構造の急速な変革が進む中で，新時代に向けて教育が重視すべきものは何か。新学習指導要領で示された「社会に開かれた教育課程」や「主体的・対話的で深い学び」が目指すものは何か。それをどう受け止め，どう実践していくのか。参加の皆様とともに考えていくための論点を提示する機会としたい。」との趣旨説明からスタートいたしました。以下，プログラムに沿って進行した公開シンポジウムの概略を報告します。

1．基調講演

　題目「新時代に向けての教育改革を考える」
　講師：国立教育政策研究所前所長　　常盤豊氏

【要旨】
　今日，人口減少・高齢化の進展，急速な技術革新，グローバル化の進展，子どもの貧困，地域間格差などが指摘されている。教育の分野においても，

「学ぶことと自分の人生や社会とのつながりを実感しながら，自らの能力を引き出し，学習したことを活用して，生活や社会の中で出会う課題の解決に主体的に生かしていく」ことを含めて，子ども・若者をめぐる課題，地域コミュニティの弱体化，家庭の状況の変化など，数多くの課題が指摘されている。

　国の第３期教育振興基本計画は，こうした状況を踏まえて，生涯にわたる「可能性」と「チャンス」の最大化に向けた視点と，教育政策を推進するための基盤に着目して，５つの方針と21の目標，そしてそれを実現するために必要な施策群を示している。この計画では，今後の教育政策の遂行に当たって特に留意すべき視点として，「１．客観的な根拠を重視した教育政策の推進」，「２．教育投資の在り方」，「３．新時代の到来を見据えた次世代の教育の創造」の三点を挙げている。

　このうち「新時代の到来を見据えた次世代の教育の創造」においては，特に技術革新の急速な進展との関連において「教育分野においても，AI・ビッグデータ等の新しいテクノロジーを活用したあらゆる取組は，リカレント教育を含め，これまでの教育の姿に大きな変化をもたらす可能性も秘めるものと言われている」と記している。

　本講演では，新時代において教育や学校の在り方がどのように変革されていくのか，Society5.0 における教育と学校の在り方について，大きく分けて，①学習・教育方法の変化，②教育目標や教育内容の変化，③教育環境の整備の三つの側面について，その課題と論点を検討する。

２．ミニ・シンポジウム

　常盤氏の基調講演の後，３つの会場に分かれて，その講演をふまえたうえで，それぞれのテーマに沿ったミニ・シンポジウムが開かれました。その概略を報告します。

⑴　公開ミニ・シンポジウム（第１会場）
【テーマ】

新時代を意識した学校教育

〜共生社会を創るための学校教育の在り方を問う〜

【シンポジスト】

「国際理解を取り入れた学校教育　国際協力を実施する団体の視点から」

　　武田さやか氏（独立行政法人　国際協力機構北陸センター）

「新時代を生きる子どもたちの力を育てる〜国際理解教育を通して〜」

　　北洋輔氏（石川県白山市立蝶屋小学校）

「「育成すべき資質・能力の三つの柱」とグローバル時代の学校教育 − 学びに向かう力・人間性等を中心に − 」

　　釜田聡氏（上越教育大学）

　司会：菊地和彦氏（独立行政法人　国際協力機構北陸センター）

【趣旨】

　グローバル化が進み，現在は，異文化・多文化理解や，地球上に存在する様々な人類的課題を知ることは，一般教養として必要不可欠な時代となった。地球的課題を理解し，より良い地域社会・日本・世界を考え，他者と共に社会を再構築するためには，学校教育において，どのような国際理解教育に取り組んでいくのがよいか考えることが必要である。

　国際理解教育とは，一人の市民として，より良い未来をみんなで創造していく力を培うことをめざす教育だと考える。こうした教育を実践するには，異文化への対応や世界に存在する問題・課題の解決など，答えのない問いを子どもと教師がともに考えることが求められる。それには，より良い答え・より良い未来に向かって探求し考え続ける力，行動する力を主体的・対話的で深い学びを通して教科横断的に培っていくことが重要である。

　こうした学びを学校教育と連携しながら実践しているJICA北陸は，地域に開かれた教育の一翼を担う団体として，一人一人の学び，意識，行動を変えていく素材となる開発途上国に関する知見・経験・教材などを地域社会・学校現場に還元している。本シンポジウムでは，このJICA北陸の取り組み，小学校での具体的実践と子どもの変容，豊富な実践に基づく研究者の視点の

３つの方向から，豊かな共生社会の構築に向けて，答えのない課題を子どもとともに考えるグローバル時代の中の学校教育の役割について考えていきたい。

【概略】

　まず初めに，ファシリテーターのJICA北陸・菊地氏より，第１会場の趣旨説明と登壇者の紹介が行われ，続いて，基調講演「新時代に向けての教育改革を考える」を受けて，シンポジストが一言ずつコメントし，それもふまえた発表をお願いしたいと，ファシリテーターから提案があった。

　その後，以下の通りシンポジストから発表があった。

①JICA北陸　武田さやか氏

　まずJICAについての紹介があり，続いて昨今の国際理解教育について次の３点の提起があった。

・国際理解は一般教養として必要な時代になった。

・既存の知識や情報は簡単に入手できる時代となり，暗記・正解する力よりも地球的課題を解決していく力，自ら創造し状況を変えていく力の方が重要視されるようになった。

・国際理解教育は正解のない問いに対して向き合い，判断し行動する力を培えることに貢献できる。

②白山市立蝶屋小学校　北洋輔氏

　昨年度行った国際理解の授業の紹介から，以下の成果について発表された。

・子ども達に思いやる気持ちや，自ら判断する力が身につき始めた。

・教科書に正解が書いてある授業ばかりをやるのではなく，未知の題材を出し，子ども達の可能性を引き出す学びは今後ますます重要になる。

・国際理解教育は難易度が高いと思われがちだが，どの教員でも取り組み始められることはある。

③上越教育大学　釜田聡氏

　２人の発表を受けながら，また基調提案の内容もふまえて，近年の国際理解教育の動向や，実践について提示することを通して，後半の進め方についての議論の整理をされた。

　その後，教師が負担にならない形で，どのように国際理解教育を学校教育に取り入れることができるか，また学校で行うべき国際理解教育とはどうあるべきかについて，社会や学校の現状をふまえながらフロアとシンポジストとの意見交換が行われた。多様な視点からの意見が出され，整理することは難しいが，３人のシンポジストにより具体的な取り組みについての共有化が図られた。

　最後に，３人のシンポジストがもう一度意見を述べ，釜田氏がまとめる形でミニ・シンポジウムを終えた。

⑵　公開ミニ・シンポジウム（第２会場）

【テーマ】

　新時代の教職員に求められる資質・能力

　～学校教育・事務職員の立場から～

【シンポジスト】

　「グローバル化が進む地方の小・中学校教員に必要な研修の在り方」

　　嶋耕二氏（石川県教育委員会）

　「学校事務職員の視点から」

　　西念佑馬氏（金沢学院大学）

　「行政および学校教育の視点から」

　　藤平敦氏（日本大学）

　　司会：奥泉敦司氏（金沢学院大学）

【趣旨】

　新学習指導要領に関しては，道徳の教科化，プログラミング教育の必修化，

外国語教育の充実などが話題となった。しかし，従来の各教科等については，ともに基本的には従来のものを踏襲しており，改訂自体の変化はこれまでの改訂に比べて小さいとも言える。ただ，学力については質的変化とさらなる充実を目指したものとなっている。それは従来からの内容（コンテンツ：content）中心の学力観（コンテンツ・ベース教育）に加え，資質・能力（Competency）を基盤とする学力観（コンピテンシー・ベース教育）の2つのバランスのとれた教育への志向である。この背景にはOECDのPISA調査等の資質・能力を基盤とするグローバル・スタンダードとしての学力観の動向がある。

　さらにグローバル時代には，多文化共生教育の視点の重要性が高まっていく。子どもたちに新しい時代にふさわしい資質・能力を育成するためには，それを導く教員に求められる資質・能力についての共通理解が不可欠である。本シンポジウムでは，学校教育・学校事務職員・行政の立場から，新時代の教職員に求められる資質・能力について議論を深めたい。

【概略】

　公開ミニ・シンポジウム第2会場では，司会の奥泉氏からシンポジスト3氏の紹介があり，その後「新時代」を含意した際の学校教育及び教職員に求められる資質・能力の在り方について，各シンポジストから，それぞれの立場をふまえて，次のような趣旨から教職員に必要とされる資質・能力に関する提案がなされた。

①石川県教育委員会　嶋耕二氏

　地方都市である石川県であっても，現在，学校ではすでに，外国籍の子どもとの学びは始まっており，新時代に生きる子どもたちに求められる資質・能力として「グローバル化に対応する力」を重視すべきであると考える。「新時代」には，学校や学級，そして地域において，外国籍を含め，多様な価値観をもった子どもが学ぶことになる。教員そして地域住民は，その異質への理解を深め，受け入れ，考えをぶつけ合う対話を重視していく必要があ

る。学校だけではなく地域においても，その異質を受け入れて育成することが求められてくる。そのため，学校の学びで，課題に対し主体的に考えを持ち，考えがちがう仲間と対話を深めることや，地域の大人がゲストとして参加し，対話を通じ深く学ぶ体験は貴重となる。また，教員を取り巻く現在の状況を鑑みると，学校教育に与えられた時間，標準時数をどのように使い分けるのか，相当緻密にカリキュラムをマネジメントすることができる資質・能力が不可欠と考える。

限られた時数の中に，対話を生かした探究活動など新たな学びを組み込むことや，教科横断的にカリキュラムを創造すること，そして，これらをいつ，どこに，どれだけの時数を確保して設定するかなど，カリキュラムを創造する力が求められると考える。そして，このことは，その教員が将来，学校経営に参画するための力にもつながると思う。

②金沢学院大学財務部　西念佑馬氏

大学では，これまで，大学設置基準において，「大学は，その事務を処理するため，専任の職員を置く適当な事務組織を設けるものとする。」（第四十一条）とされてきた。2017年4月の改正で「事務を遂行するため」と文言が修正され，事務職員の重要性が増している。さらに，第二条の三において，「大学は，当該大学の教育研究活動等の組織的かつ効果的な運営を図るため，当該大学の教員と事務職員等との適切な役割分担の下で，これらの者の間の連携体制を確保し，これらの者の協働によりその職務が行われるよう留意するものとする。」とされており，教員と職員との協働体制が求められている。

そのため，2017年4月の改正により，新たに第四十二条の三が追加され，「大学は，当該大学の教育研究活動等の適切かつ効果的な運営を図るため，その職員に必要な知識及び技能を習得させ，並びにその能力及び資質を向上させるための研修（第二十五条の三に規定する研修に該当するものを除く。）の機会を設けることその他必要な取組を行うものとする。」として，いわゆるStaff Development（以下「SD」）も義務化された。

一方，高等学校の設置基準には「高等学校には，全日制の課程及び定時制の課程の設置の状況，生徒数等に応じ，相当数の事務職員を置かなければならない。」（第十一条）と規定されているが，事務職員の役割等については明記されていない。実際には経理事務が中心であり，文字通り，事務処理を担っている。

　中学校や小学校においては，設置基準上にも事務職員に関する記載はなく，実際に配置している学校も少ない。

　日本は，アメリカやイギリスと比して，教職員総数に占める教員以外のスタッフの割合が極めて低い。

　教員の資質・能力の向上だけでなく，そもそも教員が子供と向き合う時間を十分に確保するために，事務職員や専門スタッフがもっと教育活動や学校運営に参画し，連携・分担して校務にあたる体制を整備すべきである。

　大学における「教職協働」を実現するためには，教員と職員が対等な立場で取り組むことが必要である。そのためには，高い専門性を持った教員に対し，職員もまた，専門性を高めていくことが求められており，SDの義務化など職員に対する研修・研鑽の機会が広く展開されている。

　高等学校以下においても，心理や福祉の専門性を持った職員（ex.：スクールカウンセラー・スクールソーシャルワーカー）だけでなく，事務職員もまた，自らの専門性を高め，資質・能力の向上を目指し，日々自己研鑽に努めることが求められよう。

　「チーム学校」を形成していくためには，例えば，地域の人材や資源について，どこにどんな資源があり，それらをどのように効果的に学校の教育と結びつけていけるのかを，学年・学級を超えた取組や地域と連携した教育活動全体を俯瞰的に捉え，コーディネートする力などが必要であろう。現状，こうした仕事も，結局は教員が担っていることが多い。こうした役割を学校事務職員が担っていくことはできないだろうか。教員の負担を減らし，働き方改革を促進するためにも，教員免許がなくても参画できる学校教育活動に積極的に関わっていくことが，これからの学校事務職員に求められるのではなかろうか。

③日本大学　藤平敦氏

　学習指導要領を，教職員だけでなく，家庭，地域，民間企業も含めた関係者が共有し，活用することによって，質の高い連携・協働が可能となる。「社会に開かれた教育課程」については，学校に勤務する行政職員（事務職員）こそが，コーディネーターとなるべきと考える。

　また，多くの授業実践例より考察すると，新時代の教職員に求められる力は，究極的には「教える」から「つなぐ」へ，「teacher」から「coordinator」へといった流れの延長上にあるのではないだろうか。「正解のない」問いかけをすることも重要であろう。

(3)　公開ミニ・シンポジウム（第3会場）

【テーマ】

　新時代の言語教育

【シンポジスト】

　「求められる日本の英語教育のあり方」

　　直山木綿子氏（文部科学省初等中等教育局）

　「小学校校長の立場から」

　　紺村由紀子氏（白山市立東明小学校）

　「高校教員の立場から」

　　荒納郁美氏（金沢大学附属高等学校）

　司会：村松麻里氏（金沢学院大学）

【趣旨】

　「新時代の言語教育」をテーマとして，不確実性の時代を生きていく子どもたちにとって望ましい英語教育のあり方について論ずる。　小学校外国語の教科調査官である直山木綿子氏による講演及び直山氏とパネリストによる討議を通して，日本の英語教育の根幹となるものは何か，各学校種の連携・接続のあり方，そのためにできることなどについて理解と考察を深める。行政，現場，それぞれの立場・視点から，言語能力のみならずコミュニケー

ションの根幹にかかわる，人と人とが共に生きるための対話力，他者理解，自己表現力，グローバル時代に求められる力などを，日本の英語教育のなかでどのように育んでいくかを考え，深める場としたい。

【概略】

　公開ミニ・シンポジウム第3会場では，司会の村松氏からシンポジスト3氏の紹介があり，その後，まず初めに直山氏より，現在の日本の英語教育をめぐる動向や子どもたちに育成したい能力，そのための教育の在り方等についてミニ講演が行われた。

①文部科学省　直山木綿子氏　ミニ講演「求められる日本の英語教育のあり方」

　まず直山氏より提示されたのは，今まさに日本の外国語教育が変わり行く節目にあるという事実と，そのなかで「思考する」ことがいかに重要視されているかを示す具体例である。日本の子どもたちは，言語知識・文法能力という従来型の力を相応にもっていたとしても，それを実際のやりとりに援用するための力，コミュニケーション能力が相対的に低く，そこに課題があるという指摘であった。

　外国語で何らかのメッセージを表現したり受け止めたりしようとするとき，その土台として言語知識や文法能力が不可欠となるのは言うまでもないが，それらを活用してコミュニケーションを成立させるためには，思考・判断・表現もまた必要不可欠である。その「考える力」を育てるためには，何かを「理解したい」「表現したい」と子どもたち自身が心から思えるような本物感のある題材を用いて課題や学びの枠組みを設定し，限られた語彙・文法力であっても子どもたちが意味のあるまとまったやりとりをできるようなしかけを設けることが必要であり，それは新学習指導要領や新教材のなかにも体現されているところである。

　具体的な指導や評価等に関してのみならず，新時代において子どもたちが

生きていく力となるコミュニケーション力を育成するために，英語教育観，言語観はどうあるべきなのかを，多様な視点から示唆する直山氏の講演を受けて，シンポジストの紺村氏，荒納氏からも，各学校現場の現状報告，特に各現場で子どもたちの学びを見守る中で看守された「英語教育の今」や課題，疑問点などについてお話いただいた。お二人のシンポジストたちから示されたのは，外国語教育の土台に関わる対話力，雑談力の大切さ，コミュニケーションのために「考える力」の重要性であった。

②白山市立東明小学校　紺村由紀子氏

　白山市立東明小学校では「学んだことを主体的に活かす子の育成」を掲げ，コミュニケーション力を育てるための外国語活動・外国語科の授業づくりを行っている。その一環として，子どもたちが主体的に取り組みたくなるような必然性のある言語活動の設定や言語活動の視覚化，子どもたちのグループ編成上の工夫，子ども自身による優れたモデルの共有，「反応名人３つの『そ』」（そうか！/I see. そうそう/Me, too. そうかな？/Really? 等）の導入によるやりとり力強化の工夫など，様々な取り組みが紹介された。相手の話をしっかり聞くということに課題を持つ児童は昨今少なくないが，他者と関わろうとする力，伝え合おうとする力とそのためのスキルは，日本語・英語の別，教科の枠を超えて重要であり，教師はその教育理念を体現しながら，それらを授業や学校生活の様々な場面で意識的に育てていくことが肝要である。教師が求めているものは文法的に正しい英語ではなく，推測をまじえてでも何かを理解しようとする態度や，限られた語彙・表現のなかで何かを伝えようとする営みそのものであることを感じ取った子どもたちは，実際に少しずつ変化し，成長していく。小学校段階からそのような取り組みを通して育てた力は，やがて中高以降の英語力，そしてコミュニケーション能力にもつながっていくと言えるであろう。

③金沢大学附属高等学校　荒納郁美氏

　高校の英語授業でディベートやディスカッションを行うと，生徒たちから

「どうせこれからも英語で討論などやる機会はないだろう。なぜ英語？」と消極的な声が聞かれることがある。しかし，移民の流入や企業の英語重視・英語公用語化，大学入試改革など，時代が大きく変化する今，英語は決して他人事ではなく，英語によるコミュニケーションの力は今後ますます求められるものである。そして，日本という高コンテクスト文化のなかで無意識に身につけてきた「察し」のコミュニケーションは，異文化接触の場面では通用しないのが現実である。金沢大学附属高等学校では，そうした社会の変化や文化の違いについて明示的に生徒に伝え，「相手に察してもらえると思わず，自分から必要な情報やコミュニケーションを取りにいきなさい」と指導し，"More Communicative" を目指している。さらに，異文化への広い視野や寛容さを持てるよう，授業に多様な読み物を取り入れたり，SDGsなどの身近な題材をテーマにした活動や，海外からの留学生と行うGlobal Discussion，年に一度のパフォーマンステストといった活動を取り入れたりするなどして，言語能力だけでなく，異文化コミュニケーション能力が身につくよう配慮している。

　目指すのは「欧米人のようになれ」ではなく，自分とは異なる他者との関わりにおいて，コミュニカティヴで，なおかつ察することのできる力を育てることである。しかし，そうした力はある程度人格がかたまってきた高校生の段階で学習しても一朝一夕に身につくものではない。そこで，高校入学以前の段階として重要なことは，幼少期からの継続的な声掛けであると考える。相手の話を聞くこと（聞く力・受け入れる力），相手に質問すること（引き出す力），相手に伝えること（伝える力）といった力を育てるために，小学校段階から，意識的な環境づくりを通して，異文化コミュニケーションの意識・態度を涵養することが重要であろう。

　3名の講演・発表の後，フロアからの声をひろいあげながらフリーディスカッションが進められた。

　行政及び学校現場，それぞれの視点から多様な議論が交わされるなかで，現代の日本の子どもたちには，他者と関わり合うことそのものへの躊躇や主

体的・対話的なコミュニケーションをとろうという意欲・スキルにおける課題が時として見られる点が共有されたが，それだからこそ，それらを乗り越えていくための教育実践を外国語科として大事にしていきたい。

　小学校外国語の新学習指導要領では，「コミュニケーションを行う目的や場面，状況などに応じて」伝え合うコミュニケーション力が重視されている。そのようなコミュニケーション力を培うためには，文法能力のみならず，的確に場面を読み取り，相手意識をもってことばを伝え合うために，「考える」という力が必須のものとなる。そのことが，確認され，多様な取り組みの実例とさらなる可能性が示唆されたシンポジウムであった。

⑷　公開ミニ・シンポジウムのまとめ
【総括】
　日本学校教育学会会長・佐々木幸寿氏より，全体のまとめがあった。会長自身の経験談も交え，新時代を迎える教育についての話があり，これからの教育界を担う本学会の果たすべき役割が明確になったシンポジウムと総括された。

※なお，「公開シンポジウム」については，年報にも関連論文が掲載されています。

（第34回研究大会実行委員会　金沢学院大学　米澤利明　小嶋祐伺郎　村松麻里　奥泉敦司）

大学におけるダイバーシティ推進事業から
―多様な人々のための教育研究を―

長岡技術科学大学　木村　松子

　小学校教員を早期退職後，山形大学の男女共同参画担当教員として7年半勤務し，現在，長岡技術科学大学ダイバーシティ研究環境推進部門のアドバイザーとして勤務している。上越教育大学及び兵庫教育大学の大学院でのジェンダー研究の経験を活かしてジェンダー平等やダイバーシティ推進に携われるのは有難い。

　国は，男女共同参画社会基本法や科学技術基本計画等に基づいて女性研究者，特に自然科学系の女性研究者の割合をOECD加盟国並みに増やすことを目標に補助金事業を実施しているが，依然として加盟国中最下位となっている。

1．教育を含め人文社会科学系分野も女性研究者は少ない

　国が自然科学系の女性研究者支援に重点を置くなか，人文社会科学系分野の67学会等が加盟する人文社会科学系学協会から，2020年4月，国に対して『人文社会科学分野における男女共同参画推進に向けての要望』が提出された。理系は男性，文系は女性というステレオタイプがあるために，文系では女性参画が進んでいるという印象を与えていたのではないかと指摘する。しかし，女性の比率は決して高くなく，また意思決定に参加できていないという。学校教育分野においても同様のことが言えるのではないだろうか。

2．教育研究をリードする海外の女性研究者たち

　山形大学在職中に，海外の教育学会やジェンダー研究会，国際女性団体の総会等に積極的に参加し，また海外から講師を招いたりして多くの女性リーダーの姿を見てきた。2万5千人以上の会員（内，30%強は学生会員）をもつアメリカ教育研究学会の研究会に参加した時，参加者の多くが女性で，学会の取組として教育研究や専門的な講習会などと並んで社会正義をあげ，多様性と公平性の促進を主要な取組としていることに感銘を覚えた。参加したラウンドテーブルでは女性の経験に着目し，女性校長の経営と信念について

の報告やムスリムの女性留学生の経験等の報告がされていた。「来年もみんなでレポートを持ち寄ろう」と，コーディネータの方から強く励まされたことが印象深かった。ギフテッドの子どもたちの才能を育てる分科会やいじめ対応教材の活用講習会にも参加したが，女性研究者たちが活躍していた。

　教育は全ての人を対象とする以上，多様性と公平性は常に重要な課題となっていいはずである。現在の教育関係組織は硬直していないか，組織構成はどうか常に見直したい。

3．若い世代の課題　―工学系大学での2020年アンケート結果から―

　現任校の工学系大学では，女性の割合は，学部生10.4％，大学院生11.8％，教員8.3％である。OECD加盟国では，高等教育における理工系分野に占める女性入学者の割合は平均30％で，日本は最下位の16％となっている（2015年）。女性が受験を避けることで男性にとっては入りやすくなる。しかし，そんなものだ，といつまでも放置できる状況とはいえない。なぜこのようなジェンダー・アンバランスが続いてしまうのだろうか。

　2020年2月，全教職員と大学院生計1,640人を対象にアンケート調査を行った。上記の問いに対しては大学院生の46％が，「工学は女性には向かないという社会的な偏見があるから」と答えた。「女性研究者を増やすには」という問いに対して一番多かったのは「優れた女性研究者の積極的な採用」という答えで44％だった。若い世代はジェンダー平等やダイバーシティに理解があるといえるだろうか。

　自由記述を見て驚いた。反感や反対意見が多い。「男性の権利が抑圧されている」「女性優遇策をするな」というように，自分にとって不利だという受け取り方が強くある。また「もともと体の構造から男性の方が仕事にあっている」というように性別役割分担意識も伺える。このような意識は男性にとっても必ずしも幸せであるとはいえないし，これからの社会を担っていくには問題がある。

　人口減少に伴い研究職も管理職ポストも縮小する中，ジェンダーバランスに配慮した組織構成や組織文化の構築に向けて，現リーダーの英断が求められていることを日々実感する。

教師としての研究と生徒指導の見方

東京学芸大学　佐々木　幸寿

1　教師にとっての「研究の難しさ」

　日本学校教育学会に入会して，24年になろうとしている。若い20代，30代前半は，高校教師として，硬式野球部の監督や部長として，教師生活の多くをグランドで日々過ごした。その一方で，疑問に思うことは解決しないと済まない性格もあって，30代から徐々に，研究にも片足を突っ込んでいった。大規模新設校，職業高校，いわゆる進学校と言われるところなど様々な学校で，日々生徒と対峙するときに，疑問に思い，解決すべき問題が発生する中で，「学ばなければ」，「考えなければ」という思いから，私の研究（というよりは「勉強」）がスタートした。

　本学会の会員には，学校現場で教育実践を担う教師の方も多い。私自身の経験から，学校現場で，「研究」を行うことは意外に難しいと感じている。しばしば見かけるのが，「研究だけ」をやっている教師である。誤解を恐れずに言えば，このような教師は，往々にして，現場では「浮いている」ように見えるのではないかと思う。それは，「研究者にとっての研究」と異なり，「教師としての研究」とは，人間としての「修養」と一体のものとして理解されているからではないかと思う。学校現場において優れた「研究」として認められるのは，研究そのものの内容や水準はもちろんであるが，その人の誠実さなどの人格のフィルターを通してその成果が判断されるようにも思う。

2　相手の立場にたって考えること

　私は，36歳になったときに，はじめて，研究というものに挑んだ。現場で疑問に思っていることを，研究課題として設定した。初心者が陥りがちな，「不登校を解決する方法を研究する」，「いじめを防ぐにはどうするのか」「親の虐待をなくす方法を見つける」など，自分が疑問に思ったことをそのまま，

研究上の問いとして設定する失敗を何度も繰り返した。当時の恩師からは，「問題状況を，研究課題として設定し直す必要がある」「研究によって明らかにできないこと，研究の土俵に載らないことがある」と指摘されたが，研究について素養のない私には理解できなかった。言われていること自体が，よく理解できなかったのだ。

　現職教員にとっては，研究を行う上で「研究法」は鬼門であろう。研究課題（問い）を適切に探究するためには，それにふさわしい研究方法を設定する必要がある。研究者としてのトレーニングを受けたことのない者にとっては，教えてもらっても，即理解ということにはならない。まずは，自分で，できる限り考え，試行錯誤することからスタートすることかなと感じている。①自分の思いだけでなく，論文を読む側の立場にたつこと，②相手が疑問に思うであろうこと，納得できないであろう点を列挙すること，③相手の疑問を解決するのはどのようにしたらよいか，その手立てを考えること，④専門家でない一般人であっても，理解できるような証拠や論理によって説明すること，に尽きるのではないかと思う。この作業を何度も繰り返すことで，自ずから，研究課題に応えるための研究方法が見つかるように思う。

3　原点としての生徒指導

　私が現職教員のとき，自分から望んだわけではないが，いつも生徒指導を担当させられていた。当時は，教師による上からの厳しい指導がまかり通っていた時代である。そんな中で，ひと味違う生徒指導をしている先輩がいた。今でいうところの「自己指導能力の育成」という視点を持って生徒の内面を見つめていた。普段は厳しさをもちながらも，生徒（相手）の内面を理解し，生徒自らが気づき，納得してもらうようなアプローチを心がけていた。研究室を出て，ぶらっと散歩しながら，私の研究の原点は，生徒指導にあったのかもしれないと思っている。

「実践の智」の提唱

金沢学院大学　**多田　孝志**

　日本学校教育学会には，1985年の創設のときから参加してきた。この学会で，多くの先達，仲間たちに啓発され，自己の教育実践，理論に関する知見を広め，深めることができた。今回の，研究余滴の依頼文には「これまでの研究テーマにかかわって，会員の今後の研究の方向に参考となる」見解を記してほしいとあった。この趣旨を真摯に受け止め，本学会が目指すべき方向について私見を述べてみたい。

　筆者は，国際理解教育，対話型授業の理論・実践研究を専門として探究してきた。この立場から俯瞰するとき，グローバル化の進展や多文化共生社会の現実化は，「異質との共生」「先行き不透明な未来社会への対応」「人間中心主義から生命中心主義への転換」を基調とした教育への大変革を迫っていると思えてならない。近未来に向けての新たな教育を創造することは，まちがいなく本学会の緊要の課題である。その具体的方向として，「実践の智」の必要を提唱したい。(「実践の智」の詳細は，紀要34を参照されたい)

　未来社会の担い手を育成する教育の方向は，「教育の枠」のみでは検討できない。殻を破ることが未来を創る力を高めるのであり，固定観念を打破し，広い視野や柔軟な思考で，現代までに探究され続けてきた人類・地球生命体の叡智に学ぶ姿勢が不可欠である。

　教育実践を基調におき，教育理論を参考にしつつ，さらに広く，人類・多様な生命体の叡智を加味する，その総体を「実践の智」と名付けることとした。「実践の智」は，基本的に二つの要素により構成されている。

　そのひとつは，教師たちの実践から生起する事柄である。学習環境，教材開発・分析，児童・生徒理解の手立て等の教師スキル・実践知ともいうべき事項である。他のひとつは，哲学，文学，科学，生物学・人類学など諸学の研究成果の援用である。たとえば，人類誕生以来の壮大な人類史に関する研

究は，人類の特質が未知の世界への冒険心・探究心にあることを明らかにしている。最近のカオス論やデザイン思考の研究は，自己組織化や発想力の受容性の重要性，役に立たないように見える例外や無駄の活用法を明らかにしてきた。

　実践の智の事例を記す。「主体性」の概念を考察してみよう。主体性には周知のように個人的主体性と社会・文化的主体性があろう。この主体性の意味を問い続け，（紙幅に限りがあり詳記できないが），哲学研究の先人たちの人間が意志を持って生きることに関する多様な見解から示唆を受けた。主体性の前提として自己選択・自己決定を経て納得解に至る思考の流れがあること，さらには，納得解に至る自己選択には，多様性の活用が重要であることなどである。他方，最近の脳医学の研究成果から，未知との遭遇，課題探究の困難さが，学びへの主体的な意欲を喚起することも知った。

　この多様性と主体性との関わりについての研究成果を活用し，東京学芸大学附属竹早中学校の先生方と実践研究をなすことにより，学習者が主体的・意欲的に学びに取り組んでいくための要件を提示できた。

　壮大な人類の叡智の全体を把握することは不可能である。しかし，会員各位がさまざまな分野の先駆的な研究に関心をもち，文献を購読し，感性・感受性・霊性を錬磨する多様な体験をなし，さまざまな人々との真摯な対話を継続していくとき，視野が広まり，思索が深まる。そうした知的冒険心により得た知見を実践研究と結びつけたとき，新たな学校教育の地平が拓く手がかりを得ることができよう。

　「実践の智」の試行・探究・省察は，やがて，学校教育に関わる多様・多彩な叡智を結晶化させる。その整理・分析，系統化・構造化により，事実として学習者を成長させる新たな時代の「教育実践学」が構想できると信じる。

　教育の流行を視野に入れつつも，皮相的理論，儀礼的用語にあたふたと惑わされず，どっしりと構え，学校教育の基盤の変革に対応する，地についた実践と理論を融合した研究を進める，その創造的な活動を多くの仲間が共に展開することを通して，教師たちに「誇りと自信」を復権させることができよう。本学会の存在の意義は，そこにある。

●図書紹介●

岡野昇・佐藤学（編著）
『小学校体育12ヶ月の学びのデザイン
──「学びのこよみ」の活用と展開』

大修館書店，2019年，106頁，1,760円（税込）

　本書は，小学校体育において，児童に「体育の学び」を生じるようにするための授業デザインについての理論（プロローグ，第1章）と，実践の要点を12か月に整理した「学びのこよみ」とその解説（第2，3章），「学びのこよみ」についてのコメント（第4章）からなる。

　あとがきで岡野氏も書いているが，「本書の"売り"」の1つには，体育の授業で「主体的・対話的で深い学び」を生み出すために，授業をどのようにデザインしたらよいかについて，1つのアイデアが「学びのこよみ」という形となって，整理されて紹介されていることがある。

　「学びのこよみ」は第2章と第3章で紹介されている。第2章では，小学校体育科の学習課題一覧と運動領域系別の学習課題一覧が見開きでまとめられており，それぞれの授業で，何を目標として，どんな活動をすればよいのかが分かるようになっている。低学年で学んだことが中，高学年になるとどのような学びへとつながっていくのかが一目見て分かり，授業デザインのポイントを把握することができる。

　第3章では，「学びのこよみ」の具体として，季節，学年，領域別に，計36本の活動が紹介されている。それぞれ，どのような活動ができるか，どのように場を設定すればよいか，できるようになった子どもには次にどんなことに挑戦させたらよいか（本書では，「ジャンプ課題」）が紹介されている。紹介されている活動全てが，机上のものではなく，学校現場や大学授業などにおいて実践されたものということもまた，信頼がおける。

　本書を，体育を専門教科として研鑽を積んでいる9年目の小学校教師Aに紹介すると，「おもしろいですね」という感想が返ってきた。Aの興味を引いたのは，第3章であり，具体的な手立てはすぐに授業の中で試してみたい

という気持ちにさせたようである。

　第2章，第3章だけでも小学校で体育を教える教師にとって魅力的な内容であるが，単なるhow-to本にはない魅力がある。本書には，体育における学びは何か（プロローグ）ということや，岡野氏が考えた「学びのこよみ」を支える体育の授業デザインの理論（第1章）についても書かれている。

　プロローグのはじめの一文，「体育の学びは，何をどう学ぶことを意味しているのでしょうか。（佐藤学）」という問いかけにより，「体育における学び」とはそもそも何かを，読者が考えるきっかけとなる。読み進むにつれ「体育における真正な学び」を追究する準備が読者に整うことになる。

　続く第1章では，「体育における対話的学び」のデザインの在り方はどうあればよいか，これまで「主体的・対話的で深い学び」がどのように語られてきたかを丁寧に整理したうえで，「主体的・対話的で深い学び」を実現する一つの理論として「対話的学びの三位一体論」の学習論が紹介されている。これを読むことで，「学びのこよみ」の理論の要点が分かることになる。

　さらなる本書の特徴として，「学びのこよみ」について，学界の第一人者の先生方（青木眞，山本裕二，秋田喜代美，松田恵志，佐藤雅彰）からのコメントがある。第4章のコメントを読むことで，本書に紹介されている実践や理論を他学問とのつながりから俯瞰することができる。

　あとがきで岡野氏が「実践例を安易に真似ることなく，学びの実践探究のたたき台としてご活用いただければ」と書いているように，また，「大切なことは常に『本質は何か』を問い続けることと，環境が変わればそこで生み出される運動は変わり続けることをわれわれは自覚しておくことでしょう。この『学びのこよみ』を参考に，それぞれの先生方が工夫し続けることこそが，体育において教授すべき知識なのではないかと考えています」と山本氏がコメントしているように，本書に紹介された理論に基づいた実践を読者が試すうちに，読者は実践を通して理論を学び，実践により理論を再度検討していくことになるだろう。本書は，理論と実践の往還を促し，「体育における真正な学び」を探究する道へと読者を誘ってくれる魅力にあふれた一冊である。

（新潟市立南万代小学校　大越啄櫻）

●図書紹介●

山﨑保寿著

『未来を拓く教師のための教育課程論

—学習指導要領からカリキュラム・マネジメントまで』

学陽書房，2019年，192頁，2,860円（税込）

　激しく変化する社会環境を背景に，学校は21世紀の時代に求められる新しい教育への岐路に立っており，さまざまな現実課題に対応しうる教育理論が求められている。著者は，今日ほど，学校教育実践に有効な教育学及び教育課程の在り方が求められている時代はないと指摘する。本書はこうした問題意識に立ち，教師をめざす学生や教職科目を指導する大学教員，また現職教員や教職大学院生などに向けて，教育理論を教育課程論と教育方法・内容論の立場から整理し，最新動向や実践理論とともに分かりやすく解説している。

　まず，第1章「教育の基本的方法と技術」では，教室で展開される教育方法や教育内容の背景にある近代教育思想，学習指導の方法や学習集団の編成法の特質について概説している。その上で，第2章「教育課程の定義と学習指導要領の変遷」では，教育課程の基礎的概念や意義，法的根拠，学習指導要領の変遷を整理し概観している。とりわけ，第3章「『総合的な学習の時間』創設の経緯と実践事例」では，経験カリキュラムと教科カリキュラムに関わる本質的な問題を内包する総合的な学習の時間に焦点をあて，歴史的経緯とともに，実践事例をもとに参考点を丁寧に提示している。

　次に，第4章及び第5章では，新学習指導要領においてカリキュラム・マネジメントが重視される動向を踏まえ，その特質を明快に解説している。第4章「カリキュラム・マネジメントの理論と実践」では，その理論的動向を整理し，実践上重要となる視点として，カリキュラム・マネジメントの階層的構造を提示している。また第5章「カリキュラム・マネジメントの各プロセス」では，各プロセスの特質を明らかにし，組織マネジメントの視点を含めて，カリキュラム・マネジメントを推進する際の要点や留意点を指摘している。

　続く第6章「アクティブ・ラーニングの普及と実践の要点」では，新学習指導要領においてカリキュラム・マネジメントと連動的な推進が期待されるアクティブ・ラーニングについて，教育行政や学校経営の視点からその動向を明らかにし，事例をもとに学校経営的観点から実践の要点を解説している。最後に第7章「『社会に開かれた教育課程』を実現する教育環境」では，従来の「開かれた学校づくり」との異同を明らかにし，「社会に開かれた教育課程」を実現するカリキュラム・マネジメントの在り方を考究し，今後の展望を示している。

　このように本書は，教育学の基礎的理論を整理することに留まらず，教育の最新動向を踏まえ，事例をもとに実践的理論を導き，日々の実践の参考点までを提示している。見方を変えれば，実践との関連に十分に留意して，理論的事項が意図的に選択され解説されていると指摘できる。まさに教育理論，最新動向と具体的実践の関係を可視化し，相互の架橋・往還・融合のかたちを提示し展望した一冊となっている。また，本書の特徴として，最新の教育用語解説や教育関係法令を収録した巻末資料，各章の最後に記される参考図書や註が大変充実しており，読者の視点に立ったこまやかな配慮が行き届いている。

　本書のこうした特徴や配慮については，大学研究者，教育センター指導主事，高校現場教員等といった著者の経歴，それに基づく問題関心と長年の研究成果が凝縮されたものであると拝察される。教育課程を視点に教育学のこれまでとこれからを俯瞰するとともに，今後の教育の具体的方向性を分かりやすく提示されたことに心より敬意を表したい。

　以上のように本書は，これから教師をめざす学生には，最新動向を踏まえて教育課程をめぐる教育理論や教育課題を読み解く基本テキストとなり，現職教員には，教育理論をもとに日常の実践を省察し学校教育の本質に気付く契機となる一冊である。是非多くの読者の座右におき活用していただきたい。本書が示すように，時代を見据え，本質的な理論や実践を理解し参考にすることにこそ，学校教育の未来が拓かれるのではないだろうか。

（岐阜大学　長倉守）

●図書紹介●

金井香里・佐藤英二・岩田一正・高井良健一（共著）
『子どもと教師のためのカリキュラム論』

成文堂，2019年，294頁，2,640円（税込）

　新学習指導要領（2017，2018公示）において，カリキュラム・マネジメントが改訂のポイントの一つとなった。現職の教師はもとより，これから教師を目指す学生にはこれまで以上に「カリキュラム」についての理解と自分の捉え方を明確にすることが必要となる。本著巻頭に「カリキュラムを，教師によって組織された子どもたちによって体験される学びの経験の総体（履歴）として捉え，その営みにおける教師の役割と個々の子どもの経験について考察しようとするテキストである」とあるように，章ごとに，明らかにしたい問いが書かれ，問題意識をもって学び進めることができるような構成となっている。カリキュラムを，子どもと教師がともに創り上げていく，生き生きとした教育活動の集合体として改めて捉え，その重要性について考えることができる著書である。

　本著は次の3部からカリキュラム論が展開されている。
〈第1部　授業・学びの経験に先立って策定されるカリキュラム〉
　カリキュラムを学ぶための教育課程やカリキュラムにかかわる思想，教育課程の構成要素，日本における教育課程の歴史，カリキュラムの現代的動向について述べられている。いわゆる制度化されたカリキュラムを人々がどのような組織や教育内容で形づくってきたかを知ることによって，教育課程が社会や政治の動き，教育制度等との密接な関係をもつことが分かる。教育に携わる者が教育課程やカリキュラムの意味や歴史的背景を知ることの意義は大きい。
〈第2部　教師によって経験されるカリキュラム〉
　制度化され計画されたカリキュラムを教師がどのように子どもの学びとし

てのカリキュラムに接続しようとしているかについて，教師による授業や単元の省察とデザイン，多様な評価，教師の成長といった点から述べられている。カリキュラムを作成するのは教師自身であること，教師の学びと省察によってカリキュラムが再構成されていくという基本は心に留めておく必要がある。誰かが作成したカリキュラムをこなすというような教師は子どもの学びとしてのカリキュラムを真には創造できないであろう。

〈第3部　子どもたちによって経験されるカリキュラム〉

　学習者である子どもの経験がどのようにカリキュラム化され，どのように学びの履歴を形成していくかに加えて，子どもの属性や教育歴などが学校における学びに与える影響，教師の意図とは別に子どもが学ぶ隠れたカリキュラムなどについて論じられている。制度化されたカリキュラムを教師が意図をもって教えることは重要であるが，子どもが学んでいることは一人一人違っていることを忘れてはならない。一つの教室の中で学んでいても，子どもたちの家庭環境や背景は様々である。同じことを教授しても学びとして経験されることは一人一人違って当然である。教師は，一人一人の子どもが何を学びとして経験しているのかを把握しようとする努力を怠ってはならない。第3部で触れられているニューカマーの子どもたち，性的マイノリティの子どもたちへの対応等も含め，子どもたちの多様性に注視したカリキュラムの編成・運用はますます必要となる点であろう。

　本著は，教育学部で教師を目指す学生を指導している私には，課題を共有しながら読むことができ，学生への指導の指針となるものであった。現在，新型コロナウイルスの流行が先行きの見えない状況にあり，教師は子どもとともに学校や地域に応じたカリキュラムを創り上げていかざるを得ない状況である。ビルドアップでオリジナルのカリキュラムを創り上げるという意識をもった，自律した教師にもつながる一冊であると考える。是非，ご一読を。

（上越教育大学　松井千鶴子）

●2019年度（2019.8〜2020.7）の活動記録●

2019年8月2日　第34回理事会開催（主要議題：会務報告，決算及び監査報告，2019年度事業計画及び予算案，学会賞について，役員体制について，第35回研究大会の開催機関及び開催時期について）

2019年8月2日　機関誌『学校教育研究』第34号発行（特集：これからの学校教育を支える実践知の創造へ向けて）

2019年8月3日〜4日　第34回研究大会開催（於：金沢学院大学，大会実行委員長：米澤利明）

◇課題研究テーマ：教師教育の高度化と地域教育課題への対応

　〜教職大学院は地域の期待に応えているか〜

◇ミニシンポジウムテーマ：

・新時代を意識した学校教育

　〜共生社会を創るための学校教育の在り方を問う〜

・新時代の教職員に求められる資質・能力

　〜学校教育・学校事務職員の立場から〜

・新時代の言語教育

※詳細は，第34回研究大会の概要（本誌166頁〜197頁）を参照。

2019年8月4日　第34回総会開催（主要議題：決算及び監査報告，2019年度事業計画及び予算案，第35回大会の開催機関・時期について，2019〜2021年度の役員体制について，他）

2019年11月6日　会報「JASEニュース」第42号発行（主要記事：新会長挨拶，第34回研究大会報告，理事会報告，総会報告，2019〜2021年度役員体制，他）

2019年11月29日　総会報告に対する異議申立期間終了 → 総会での承認内容の成立

2019年12月7日　第1回常任理事会開催（主要議題：学会の運営方針について，各種委員会の活動計画について，第35回研究大会について，他）

2019年12月24日　機関誌編集委員会より「機関誌第35号の編集方針及び投稿論文等の募集について」を会員宛送付（投稿締切：2020年2月29日）

2020年1月26日　第1回機関誌常任編集委員会開催（主要議題：特集論文の構成および執筆者について）

2020年3月7日　第2回機関誌常任編集委員会開催（主要議題：投稿論文の査読者選定）

2020年4月12日　第3回機関誌常任編集委員会開催（主要議題：第一次査読結果の検討）

2020年5月11日　学会事務局より「2020年度（第35回）研究大会等，中止・延期のお知らせ」を会員宛送付

2020年5月26日　国際交流委員会公開研究会開催（オンライン）

◇「東アジアにおける高等学校教育課程改革に関する研究−日本と中国の学習指導要領・普通高等学校教育課程標準の階梯を手がかりに−」

◇「日本の小学校国語教育における読解リテラシー−学習指導要領国語の変遷からの考察−」

◇「日本の特別活動・総合的な学習の時間と台湾の綜合活動の比較−OECDのコンピテンシーとAgency，国連のSDGs，国際バカロレア学習者像を視点として−」

2020年6月3日　学会事務局より「2020年度研究大会代替自由研究ポスター発表実施要領」を会員宛送付

2020年6月28日　第4回機関誌常任編集委員会開催（主要議題：第二次査読結果の検討）

日本学校教育学会会則

第1章　総　則

第1条　本会は，日本学校教育学会（Japanese Association of School Education〔略称〕JASE）と称する。

第2条　本会は，学校教育を中心として，広く教育の理論と実践の発達，普及をめざし，会員相互の教育研究及び実践上の成果の連絡及び交流を図ることを目的とする。

第3条　本会の事務局は，会長が勤務する大学，研究所，又はその他の教育関係機関に置く。ただし，事情があるときは，会長が勤務する教育関係機関以外の教育関係機関に事務局を置くことができる。

第2章　事　業

第4条　本会は，第2条の目的を達成するために，次の各号に掲げる事業を行う。
　　　一　会員の研究及び実践の促進を目的とする年次研究大会の開催
　　　二　広範な協力や連絡を必要とする教育上の理論的及び実践的課題について，会員の共同研究を目的とする研究委員会の設置
　　　三　機関誌「学校教育研究」その他の出版物の編集及び発行
　　　四　会員名簿の作成
　　　五　内外における教育学及び隣接諸科学の諸団体との連絡提携
　　　六　その他本会の目的を達成するために必要な事業

第3章　会　員

第5条　本会の会員は，本会の目的に賛同し，教育の理論的及び実践的研究に関心を有する者で，会員の推薦（1名）を受けて入会を申し込んだ者とする。
　　2　官庁，学校，図書館，学会その他の団体が本会の目的に賛同し，会員の紹介（1名）を受けて入会したときは，本会の編集，発行する出版物の配布を受けることができる。

第6条　会員は，本会が営む事業に参加することができ，また，本会の編集，発行する出版物につき優先的に配布を受けることができる。

第7条　会員は，会費を毎年度所定の期日までに納入しなければならない。

　2　会費は，第5条第1項の会員（個人会員）にあっては年額7000円，同条第2項の会員（機関会員）にあっては年額8000円とする。

第8条　会員は，必要ある場合には，申し出により退会することができる。

　2　会員が，次の各号の一に該当する場合においては，会員資格を失うことがある。

　　一　本会の目的に著しく反する活動をし，又は本会の事業を故意に妨害した場合

　　二　会員の地位を濫用し，本会の名誉を毀損し，本会の信用を著しく傷つけた場合

　3　前条第2項の会費の未納期間が3年度を超えた場合には，当該未納会員は本会を退会したものとみなす。

第4章　組織及び運営

第9条　本会の事業を運営するために，次の役員を置く。

　　一　会　長　1名

　　二　理　事　20名（うち常任理事若干名）

　　三　監　査　2名

　　四　事務局幹事　若干名

第10条　会長は，理事の互選とする。

　2　会長は，本会を代表し，会務を総理する。

第11条　理事及び常任理事は，別に定めるところにより選出する。

　2　常任理事は，会長に事故があるときは，そのうちの一人が会務を代理し，会長が欠けたときは，その会務を行う。

　3　第9条第2項とは別に，必要に応じて若干名の理事を追加することができる。

　4　前項の理事は会員の中から理事会の議を経て委嘱するものとする。

第12条　本会に名誉会員を置くことができる。名誉会員は，理事会が推薦し総会の承認を得るものとする。

第13条　監査は会員の中から会長が推薦し，理事会の承認を得て委嘱する。

　2　監査は，本会の会計を監査する。

第14条　事務局幹事は，会員の中から会長が推薦し，理事会の承認を得て委嘱する。

　2　事務局幹事は，本会の事業に関する諸事務を処理する。

第15条　本会の会議は，総会，理事会，常任理事会とする。

第16条　総会は，本会の最高決議機関であり，本会の事業及び運営に関する重要事
　　　項を審議決定する。
　　2　総会は，定例総会及び臨時総会とし，会長がこれを招集する。
　　3　会員総数の3分の1以上の署名により請求がある場合は，会長は速やかに総
　　　会を招集しなければならない。
　　4　総会の運営については，別に定めるところによる。
第17条　理事会は，会長がこれを招集し，本会の行う事業の企画立案及び予算案の
　　　作成を行う。
　　2　理事の過半数による請求がある場合には，会長は速やかに理事会を招集しな
　　　ければならない。
第18条　常任理事会は，会長がこれを招集し，総会の決定に従い，常時執行の任に
　　　あたるものとする。
　　2　常任理事の過半数による請求がある場合は，会長は速やかに常任理事会を招
　　　集しなければならない。

第5章　会　計

第19条　本会の経費は，会費，寄付金及びその他の収入によって支弁する。
第20条　本会の会計年度は，毎年8月1日に始まり，翌年7月31日に終わる。
　　2　決算の承認は，総会においてこれを行うものとする。

第6章　機関誌編集

第21条　機関誌編集，発行は，原則として年2回とする。ただし，編集委員会にお
　　　いて特に必要と認められた場合は，この限りではない。
　　2　編集委員会は，理事をもってこれに充てる。
　　3　前項の他，理事会の推薦により若干名の編集委員を置くことができる。
　　4　機関誌の編集，発行の手続きについては，別に定めるところによる。

第7章　改　正

第22条　この会則の改正は，総会における実出席会員の3分の2以上の賛成を必要
　　　とする。

第8章　雑　則

第23条　本会の事業及び運営のために必要がある場合には，適当な細則が定められ

なければならない。

附　則

1　この会則は，昭和60年9月15日から，これを施行する。

2　削除

3　第9条の役員の選出については，第1回目の選出に限り，会則第10条，第11条，第13条及び第14条の規定にかかわらず，本会創設準備会により本会発会式において承認を得るものとする。

4　第9条第2号の役員の員数については，第1回目の選出に限り，同条同号の規定によらないことができる。

5　第21条第1項の規定にかかわらず，機関誌の発行は，当分の間，毎年1回とする。

6　会則第7条第2項は昭和64年8月1日から，これを施行する。

7　会則第3条は平成2年11月1日から，これを施行する。

8　会則第7条第2項は平成10年8月1日から，これを施行する。

9　会則第21条第3項及び第4項は平成13年8月1日から，これを施行する。

10　会則第11条第3項及び第4項は平成16年10月12日から，これを施行する。

11　会則第12条は平成25年11月1日から，これを施行する。

日本学校教育学会役員一覧 （2019年8月−2022年7月）

1. 会　長　　安藤　知子　　　　（上越教育大学）
2. 理　事〔○印—常任理事〕
    青木　　一　　　　（信州大学）
    安藤　雅之　　　　（常葉大学）
    牛渡　　淳　　　　（仙台白百合女子大学）
    釜田　　聡　　　　（上越教育大学）
    黒田　友紀　　　　（日本大学）
    黒羽　正見　　　　（白鴎大学）
   ○佐々木幸寿　　　　（東京学芸大学）
    佐藤　　真　　　　（関西学院大学）
    菅原　　至　　　　（上越教育大学）
    鈴木久米男　　　　（岩手大学）
    瀬戸　　健　　　　（富山国際大学）
   ○多田　孝志　　　　（金沢学院大学）
    中川　智之　　　　（川崎医療福祉大学）
   ○中山　博夫　　　　（目白大学）
   ○藤田　武志　　　　（日本女子大学）
    林　　泰成　　　　（上越教育大学）
   ○原田　信之　　　　（名古屋市立大学）
    堀井　啓幸　　　　（常葉大学）
    松井千鶴子　　　　（上越教育大学）
    矢嶋　昭雄　　　　（東京学芸大学）
   ○山﨑　保寿　　　　（松本大学）
    林　　明煌　　　　（台湾・国立嘉義大学）
    若井　彌一　　　　（京都大学特任教授）
3. 機関誌編集委員（別掲）
4. 監　査　　茂木　輝之　　　　（学校法人軽井沢風越学園）
    中村　映子　　　　（筑波大学・大学院生）
5. 事務局
 事務局長　　蜂須賀洋一　　　（上越教育大学）
 事務局幹事　清水　雅之　　　（上越教育大学）
 事務局幹事　湯澤　　卓　　　（上越市立春日小学校）

日本学校教育学会賞規程

第1条　この規程は，日本学校教育学会会員の研究を奨励し，本学会全体の学問的
　　　発展に資するための賞について定める。

第2条　会員が著した著書・論文の内，その研究業績が著しく優秀である会員に対
　　　し，年次研究大会の総会において『日本学校教育学会賞』または『日本学校教
　　　育学会研究奨励賞』を授与する。また，賞の内容は賞状と副賞とする。

第3条　授賞対象の著書・論文は，本学会の年次研究大会開催時から遡って過去2
　　　年以内に発表されたもので，次の条件を満たすものとする。
　(2)『日本学校教育学会賞』は，原則として単一の著書による学校教育に関する単
　　　行本であること。
　(3)『日本学校教育学会研究奨励賞』は，本学会機関誌『学校教育研究』に発表さ
　　　れた論文であること。

第4条　授賞対象の著書・論文の推薦・審査・可否の決定については，次の手続き
　　　を経るものとする。
　(2)会員は，授賞対象の著書・論文を本学会理事（1名）に推薦することができる。
　　　この場合，いわゆる自薦も可とする。
　(3)理事は，著書・論文本体と推薦状，執筆者の履歴書及び主要研究業績一覧を各
　　　4部添えて，理事会に推薦するものとする。また，理事は，会員から推薦のな
　　　かった著書・論文についても理事会に推薦することができる。
　(4)理事会は，予め学会賞担当理事3名を選任することとし，学会賞担当理事は授
　　　賞対象著書・論文の選考事務に従事する。
　(5)学会賞担当理事は，理事から推薦された著書・論文の各々について，3名の審
　　　査委員を選定し，審査委員会を設置する。審査委員は，会員であることを要し，
　　　その内1名を主査とする。主査は理事をもって充てる。
　(6)審査委員会は，審査の結果を文書で理事会に報告するものとする。
　(7)理事会は，審査委員会の報告内容につき審議し，授賞の可否を決定する。

附　則　この規程は，平成11年8月1日より施行する。

日本学校教育学会機関誌編集規程

第1条　この規程は，日本学校教育学会会則（以下，「会則」という。）第21条第4項に基づき，日本学校教育学会機関誌（以下，「機関誌」という。）の編集，発行の手続き等について定める。

第2条　機関誌は，原則として年2回発行とする。「学校教育研究」及び「日本学校教育学会年報」とする。ただし，「日本学校教育学会年報」については，発行しないことができる。

第3条　「学校教育研究」には，特集論文，自由研究論文，実践的研究論文，実践研究ノート，図書紹介などのほか，会員の研究活動および本学会の動向等に関連する記事を掲載する。「日本学校教育学会年報」には，本学会が企画した研究活動に基づいた投稿論文等を掲載する。

第4条　機関誌の編集のために，編集委員会を置く。

　(2)　編集委員は，理事をもってこれに充てる。

　(3)　理事会の推薦により若干名の編集委員を置くことができる。

　(4)　編集委員の互選により，編集委員長及び常任編集委員を置く。

　(5)　編集委員長の指名により常任編集委員に副編集委員長を置くことができる。

第5条　編集事務を担当するために，編集幹事（若干名）を置く。

　(2)　編集幹事は，編集委員長が委嘱する。

第6条　機関誌に論文等の掲載を希望する会員は，機関誌編集委員会事務局に送付するものとする。

　(2)　機関誌に投稿できる者は，本学会の会員資格を有するものとする。

　(3)　原稿（特集論文，自由研究論文，実践的研究論文，実践研究ノート，年報投稿論文）の掲載は，編集委員会の審議を経て決定する。

　(4)　投稿された論文等の審査については，編集委員会は，必要があると認めるときは，編集委員以外の会員に審査を依頼することができる。

第7条　採択された論文等の形式，内容について，編集委員会において軽微な変更を加えることがある。ただし，内容に関して重要な変更を加える場合は，執筆者との協議を経るものとする。

第8条　論文等の印刷に関して，図版等で特に費用を要する場合，その費用の一部を執筆者の負担とすることがある。

(2)　抜刷に関する費用は，執筆者の負担とする。

附則　1　この規程は，1986年8月1日から施行する。

　　　2　第6条第2項は2001年11月1日から施行する。

　　　3　この規程の改正は，2015年7月19日から施行する。

　　　4　この規程の改正は，2018年8月5日から施行する。

　　　5　この規程の改正は，2020年8月5日から施行する。

日本学校教育学会機関誌『学校教育研究』投稿要項

1. 論文原稿は未発表のものに限る。ただし，口頭発表及びその配布資料はこの限りではない。なお，同一著者による複数論文の同時投稿は認めない。

2. 本誌の投稿種別，およびその原稿枚数はA4判1枚を40字×30行として，下記の通りとする（図表・注・引用文献を含む）。ただし，編集委員会が特に指定したものについては，この限りではない。

    (1) 自由研究論文　　10枚以内
    (2) 実践的研究論文　10枚以内
    (3) 実践研究ノート　10枚以内

3. 原稿は横書きを原則とし，完成原稿とする。

4. 原稿には氏名や所属を一切記載しない。また，「拙稿」や「拙著」など，投稿者名が判明するような表現も避ける。

5. 原稿の1枚目には論文題目および英文題目のみを記入し，2枚目以降に本文をまとめる。なお，本文には論文題目や氏名，所属などは書かない。

6. 原稿には，キーワード（5語以内：日本語及び英文）を論文の本文末に書く。

7. 原稿とは別に，次の事項に関する投稿申込書を作成する。

    ①氏名，②所属，③投稿区分（自由研究論文，実践的研究論文，実践研究ノートのいずれか），④論文題目，⑤英文題目，⑥現住所，⑦電話番号，⑧電子メールアドレス，⑨その他電子公開に必要な事項（この事項に関しては別途通知する）

8. 投稿に際し，①投稿申込書，②プリントアウト原稿（4部），③電子媒体（原稿及び投稿申込書の電子データを保存したCD，USBメモリー等。投稿者名を明記），④「投稿に際してのチェックリスト」の4点を送付する。なお，送付物は原則として返却しない。

9. 論文等の投稿については，2月末日（消印有効とする）までに原稿を提出する。原稿送付先は，機関誌『学校教育研究』編集委員会宛とする。なお，投稿は郵送のみとする。

10. 執筆者による校正は原則として1回とする。執筆者は校正時に加筆・修正をしないことを原則とする。

11. 注および引用文献は，次のいずれかの方法を用いて，論文末に一括して掲げる。
    方式①：注と引用文献はともに注記として示す。注記は，文中の該当部に（1），

（2）…と表記し，論文末に一括して記載する。なお，文献の記載方法は次の様式を準用する。

［論文の場合］著者，論文名，雑誌名，巻号，年，頁。

［単行本の場合］著者，書名，発行所，年，頁。

方式②：注記は，文中の該当部に（1），（2）…と表記し，論文末に一括して記載する。また，引用文献は，文中に「…である（有田　1995，15頁）。ところが，新井（2003，25頁）によれば，…」などのように示し，アルファベット順に並べた引用文献のリストを，注の後ろにまとめて記載する。なお，引用文献の記載方法は次の様式を準用する。

［論文の場合］著者，年，論文名，雑誌名，巻号，頁。

［単行本の場合］著者，年，書名，発行所，頁。

附則：この要項は，平成21年11月1日から施行する。

この要項の改正は，平成23年12月20日から施行する。

この要項の改正は，平成27年7月19日から施行する。

この要項の改正は，平成29年6月19日から施行する。

この要項の改正は，平成30年12月17日から施行する。

投稿に際してのチェックリスト

　投稿に際して，「日本学校教育学会機関誌編集規程」及び「日本学校教育学会機関誌『学校教育研究』投稿要項」を再度熟読いただき，下記の事項を確認・チェックの上，原稿とともに提出して下さい。下記以外にも，規定を満たさない原稿については，受理できない場合もありますので，十分にご注意ください。

【論文題目】

　　　

Ⅰ　投稿資格及び論文書式について
☐ 1 執筆者全員が本学会の会員資格を有している。
☐ 2 図表・注・引用文献を含めて，A4判1枚を40字×30行として，10枚以内におさめている。
　　（注や参考文献一覧についても40字×30行のページ設定を変えないで下さい。キーワードは分量に含みますが，表紙は分量に含みません。）
☐ 3 キーワードは日本語及び英文の両方が表記されている。
☐ 4 表紙・本文に執筆者名を記載したり，参考文献一覧等に「拙稿」「拙著」等を記載したりするなど，投稿者が判明するようにはなっていない。
☐ 5 原稿とは別に，投稿区分等を記載した用紙を同封している。

Ⅱ　研究倫理について
☐ 1 調査等をする前に，研究対象者などから同意（インフォームド・コンセント）を得ている。
☐ 2 上記に関する事項について，原稿中に明記し，研究対象者のプライバシー等への配慮を十分に行っている。
☐ 3 投稿する原稿は，投稿者のオリジナルなものであり，他誌への二重投稿や剽窃・盗用はしていない。
☐ 4 投稿原稿と先行研究との関係について十分に説明するとともに，既刊の論文等の引用に際しては，出典を明記している。

以上の通り，相違ありません。

年　　　　月　　　　日

投稿者署名　　　　　　　　　　　

●入会のご案内●

　日本学校教育学会は，昭和60年9月15日，学校教育に関する実践と理論の緊密化さらには両者の統合をめざす小・中・高等学校，盲・聾・養護学校（現在の特別支援学校）等の教師，教育センター，教育研究所の研究員，教育委員会の指導主事，大学の研究者等によって，盛大な発会式の下に創立されました。学校教育の実践と理論の統合という，一見ごく平易にして当然な課題は，実際には，きわめて困難な課題として，その解決の方向が本格的に検討されることなく今日に至っているように思われます。学校教育の内容及び組織が一段と高度化，複雑化するに及んで，学校教育の実践を理論的に検証し，また一方では，学校教育に関する理論の実践上の有効性と限界を検証し，新たな実践上及び理論上の地平をきり拓いていくことが，ますます重要な課題となってきております。このような時期に，本学会が設立されたことの意義をあらためて確認し，一人でも多くの，心ある教育関係者が入会されることを学会員一同，衷心より切望しております。

　入会手続きは，次の通りです。

⑴　会員の推薦を得て申し込む場合

　知人に本学会の会員がおられる場合には，その会員の推薦（1名）を得て，申込用紙（次頁）に所定の事項を記入の上，事務局宛にご郵送ください。また，同時に下記の口座宛に会費をお振込ください。

⑵　知人に会員がいらっしゃらない場合

　この場合は，お手数でも，直接，郵送または電子メールにて，住所，氏名，所属（勤務先）を記入し，入会の意思があることを学会事務局までお知らせください。折返し，事務局より入会申込みの諾否の返事を致しますので，その後に，入会申込みを行ってください（推薦人の記入は不要です。事務局が推薦人となります）。

　入会申込みは随時受けております。お問い合せは，学会事務局まで。

```
─── 日本学校教育学会事務局 ───────────────────────────

所在地          〒943-8512  新潟県上越市山屋敷町1番地
                            上越教育大学内

電話番号        025-521-3360  （蜂須賀研究室直通）

E-mail          jase@juen.ac.jp

郵便振替口座番号  00130-6-292778

加入者名        日本学校教育学会

学会ホームページ  http://www.jase.gr.jp/
```

日本学校教育学会 入会申込書

日本学校教育学会の趣旨に賛同し，［　　　　　　　］年度から会員となることを希望します。

※学会年度は，会則に定める，毎年8月1日から翌年7月31日の期間です。
たとえば，2020年度は，2020年8月1日から2021年7月31日までとなります。

【申込者】				
ふりがな				
氏　　名				
連絡先住所等	〒		←半角数字でハイフンを入れてください。 例）123-4567	
	電話			
	E-mail			
所属・勤務先等	所属・勤務先		職名等	
	所在地			
研究関心分野				

【推薦者】※推薦者がいない場合は，事前に事務局（jase@juen.ac.jp）までご連絡ください。	
ふりがな	
氏　　名	
所属・勤務先	

日本学校教育学会事務局
　　所在地：〒943-8512　　新潟県上越市山屋敷町1番地
　　上越教育大学 内

　　Tel：025-521-3360　（蜂須賀研究室直通）
　　E-mail：jase@juen.ac.jp

年会費：7,000円　　　　郵便振替口座：00130－6－292778

Bulletin of the Japanese Association of School Education
Vol.35, 2020
Contents

Section 3

Moeko MATSUMOTO, Yoshiaki KAJII

Practical Research to Suggest the Teaching Method for Fostering Children's Musical Expressions Focused on Listening to Each Other While Singing Based on the Music Classes for Third Grade Elementary School Students

Section 4

Juji KAKIZAKI

A Study of the "Departmental Plan" in Kanagawa Elementary Schools during the 40s of the Showa Era

Masashi KAJIWARA

Challenges for Creation of "Community School": A Study of Coordination and Cooperation Through the Creative Drama "Gandoutouge"

Koji TAJIMA

Practice and Results of Resilience Training Program by Laughter and Mindfulness

Toshiyuki TOMITA

Integrated Regional Learning in Social Studies and Integrated Learning Time by Curriculum Management: A Consideration from the Point of View of the Qualities and Abilities as a Creator of a Sustainable Society

機関誌編集委員会より

　機関誌『学校教育研究』第35号の編集は，新型コロナウィルス感染症（COVID-19）の影響により，人の移動と接触が大幅に制限される中で行うことを余儀なくされた。機関誌第35号は，こうした特別な条件下での編集作業であったので，論文審査の透明性および審査水準の維持を如何に図ったかという視点から，論文審査の経緯と今回執った審査の方法について記すことにする。以下，会員が真摯に取り組み投稿された論文に対して，審査，判定，評価という言葉を使うことをお許し頂きたい。

　3月以降に開催した機関誌編集会議は，本来の直接集合形態の会議を開催することが不可能なため，web会議システムzoomおよびメール等の併用によるオンライン方式で行うこととした。特に，4月以降の機関誌編集会議は，投稿論文に対する査読意見をもとにした論文審査が主たる任務であり，機関誌掲載に関する可否の検討という極めて重要な役割を担うものである。そのため，オンライン方式によることが論文審査の緻密性と水準を下げることのないよう，考え得る様々な手段を講じて論文審査を遂行した。

　論文審査の基本的な手順は，多くの学会でも行われているように，査読報告書をもとに論文の判定を審議検討する一次審査，一次審査を通過し査読意見を踏まえて修正された修正論文に対する最終判定を行う二次審査，そして，二次審査を通過した論文であってもさらなる修正が必要な論文に対しては掲載を前提として再々修正を促すという方法で行った。

　今回特に講じた手段としては，各次の審査において，予め全論文および査読報告書にパスワードをかけて常任編集委員にメール配信し，論文内容と査読意見を理解しておくことを前提とした。また，機関誌編集会議で行う論文審査の方法についても予め常任編集委員にメール配信したうえで，当日の冒頭で審査方法を再度確認して論文審査に入った。

　そうした準備を行ったうえで，一次審査においては，自由研究論文（21本），実践的研究論文（5本），実践研究ノート（10本）の各カテゴリーについて，論文内容と査読意見および評価をもとに，審査の厳密性と妥当性を確

保するために定めた方法に基づいて審議した。その結果，自由研究論文９本（内１本は特集論文へのカテゴリー変更），実践的研究論文３本（内１本は実践研究ノートへのカテゴリー変更），実践研究ノート５本が，掲載可能性のある論文と判定された。

　二次審査に関しても，一次審査と同様に定めた手順に基づくことによって，審査の厳密性と妥当性の確保に努めた。

　以上のように，直接集合形態で行う審査と同等の入念な審査を行い，最終的に掲載論文を決定した。一方，丹念に論文を検討したためでもあるが，論文によってはその脆弱性等が明らかになり，結果として，今号では自由研究論文の掲載数が少なくなった。また，査読者から，厳しい指摘がなされた論文があったことも事実である。

　その点では，意欲をもって投稿した会員の期待に十分応えることができなかったが，次号では，審査の緻密性と水準は維持しつつも，研究の発展性などを考慮した審査を心掛けることによって，将来的な本学会の発展につながる機関誌の一層の充実を目指す所存である。

　2020年８月

　　　　　　　　　　　　　　　　　　　　　　機関誌編集委員会

■編集後記■

　本号から３年間，機関誌編集委員会の幹事を担当することになりました。2019年11月に新たに編成されました機関誌編集委員会は７名の常任編集委員，２名の幹事で構成されております。しかし，新型コロナウィルス感染症（COVID-19）の影響により，対面での編集委員会は初回のみとなり，３月以降はリモート会議での実施を余儀なくされました。また，本誌掲載の論文を含めた投稿論文の査読につきまして，３〜５月の感染拡大時期（第１波）と重なっていたこともあり，査読作業の依頼や投稿者への修正依頼等につきまして，従来紙面で行っておりました作業をメール等でのやり取りへと一部変更をさせていただきました。執筆者や常任編集委員の皆様，また，査読をご担当いただきました会員の皆様のご尽力・ご協力のもと，こうして『学校教育研究』第35号を無事刊行することができました。心より御礼申し上げます。

　さて，本号には自由研究論文21編，実践的研究論文５編，実践研究ノート10編の投稿がございました（不受理３編）。厳正な査読を重ねた結果，自由研究論文２編，実践的研究論文１編，実践研究ノート４編（実践的研究論文からの区分変更１編）の掲載という結果に至りました。残念ながら採択されなかった論文の中にも，研究内容に優れ，あと少しの工夫で掲載可能な水準に達すると判断されるものがありました。ですが一方で，第35号に投稿いただきました論文につきまして，様式（字数×行数）や頁数，キーワードの有無等の書式の不備も多々ありました。会員の皆様に「投稿に際してのチェックリスト」のご確認をお願いするとともに，編集委員会としましては，投稿要項とチェックリストの表現の再検討等を行っていく必要があると感じております。

　初年度ということもあり行き届かない点もあったかと存じます。次号でも，会員の皆様からの積極的な投稿をお待ちしております。

　最後になりましたが，教育開発研究所編集部・尾方篤様には編集作業におきまして多大なお力添えを賜りました。この場を借りて御礼申し上げます。

（鈴木　瞬）

学校教育研究　第35号

■2020年10月20日　発行
■編集者　日本学校教育学会機関誌編集委員会
■発行者　日本学校教育学会
■発売元　㈱教育開発研究所

日本学校教育学会事務局	教育開発研究所
〒943-8512　新潟県上越市山屋敷町１番地	〒113-0033　東京都文京区本郷2-15-13
上越教育大学内	TEL　03-3815-7041㈹
TEL 025-521-3360（蜂須賀研究室直通）	FAX　03-3816-2488

ISSN　0913-9427

ISBN978-4-86560-529-7　C3037